Glücksspiel im Umbruch

SCHRIFTENREIHE ZUR GLÜCKSSPIELFORSCHUNG

Herausgegeben von Tilman Becker

Band 2

PETER LANG
Frankfurt am Main · Berlin · Bern · Bruxelles · New York · Oxford · Wien

Tilman Becker/Christine Baumann (Hrsg.)

Glücksspiel im Umbruch

Beiträge zum Symposium 2006
der Forschungsstelle Glücksspiel

PETER LANG
Internationaler Verlag der Wissenschaften

Bibliografische Information der Deutschen Nationalbibliothek
Die Deutsche Nationalbibliothek verzeichnet diese Publikation in
der Deutschen Nationalbibliografie; detaillierte bibliografische
Daten sind im Internet über <http://www.d-nb.de> abrufbar.

Umschlagcollage und Umschlaggestaltung:
Olaf Glöckler, Atelier Platen (Friedberg)

ISSN 1861-759X
ISBN 978-3-631-56928-3
© Peter Lang GmbH
Internationaler Verlag der Wissenschaften
Frankfurt am Main 2007
Alle Rechte vorbehalten.

Das Werk einschließlich aller seiner Teile ist urheberrechtlich
geschützt. Jede Verwertung außerhalb der engen Grenzen des
Urheberrechtsgesetzes ist ohne Zustimmung des Verlages
unzulässig und strafbar. Das gilt insbesondere für
Vervielfältigungen, Übersetzungen, Mikroverfilmungen und die
Einspeicherung und Verarbeitung in elektronischen Systemen.

www.peterlang.de

Vorwort des Beiratsvorsitzenden Dr. Wolfgang G. Crusen

Ein besonderes Ereignis für den Glücksspielmarkt in Deutschland 2006 war das Bundesverfassungsgerichtsurteil vom 28. März 2006. Die obersten Bundesrichter in Karlsruhe hatten entschieden, dass das Monopol des staatlichen Sportwettenanbieters ODDSET in seiner derzeitigen Form verfassungswidrig ist. Die Art und Weise der Ausgestaltung des bestehenden Wettmonopols stellt die effektive Suchtbekämpfung, die einen Ausschluss privater Wettanbieter rechtfertigen würde, nicht sicher. Ein staatliches Monopol hat sich nach Auffassung der Richter strikt an der Suchtbekämpfung auszurichten. Der Gesetzgeber hat nun bis Ende 2007 Zeit, eine verfassungsgemäße Lösung zu finden. In Form eines neuen Staatsvertrages müssen die Ministerpräsidenten der Länder eine kohärente und systematische Lösung für den gesamten Glücksspielsektor finden. Ihnen stehen zwei Optionen offen, nämlich ein staatliches Monopol oder eine Zulassung privater Anbieter mit gesetzlich normierter und kontrollierter Zulassung. Bis zur Neuregelung wird die Erweiterung des Angebots staatlicher Wettanbieter sowie der Werbung, die über sachliche Information hinausgeht und gezielt zum Wetten auffordert, untersagt. Die staatlichen Glücksspielunternehmen haben umgehend aktiv über die Gefahr des Wettens aufzuklären. Kritisch betrachtet werden auch die Vertriebsformen, die das Wetten zu einem allerorts verfügbaren Gut machen, wobei insbesondere die Teilnahme an Wetten über das Internetangebot als kritisch angesehen wird. Hier wird ein effektiver Jugendschutz gefordert.

Von Seiten des Europäischen Gerichtshofs wird den EU-Mitgliedsländern freigestellt, ob und wie der nationale Markt reguliert wird. Eine Regulierung darf allerdings nur aus zwingenden Gründen des Allgemeininteresses erfolgen. Ein Monopol ist nach Rechtsprechung des Europäischen Gerichtshofs nur dann zu rechtfertigen, wenn es nach seiner gesetzlichen und tatsächlichen Ausgestaltung ‚kohärent und systematisch' zur Bekämpfung der Spiel- und Wetttätigkeit beiträgt und nicht über dieses Ziel hinausgeht. Es bleibt daher interessant abzuwarten, mit welchen Maßnahmen die staatlichen Anbieter auf diese Forderungen reagieren werden.

Nicht unberücksichtigt bleiben darf daneben das Verhalten der privaten Anbieter von Sportwetten, die ihre Berechtigung auf die so genannte ‚DDR-Lizenz' stützen und der unzähligen privaten Anbieter, die sich auf eine Lizenz aus einem anderen EU-Land beziehen. Gerade bei den vier privaten Wettanbietern *Bwin* (ehemals Betandwin), *Interwetten*, *Sportwetten Gera* und *Digibet* (firmiert in Deutschland unter Wetten.de) stellt sich darüber hinaus die strittige Frage, ob sich die Gültigkeit ihrer Lizenzen überhaupt auf das gesamte Bundesgebiet übertragen lässt. Während ODDSET keinen Gewinn erzielen darf und neben 16,6% Lotteriesteuer und 15-20% Konzessionsabgaben lediglich rund 50% der Wetteinsätze wieder ausschütten kann, schütten die privaten Wettanbieter bis zu

90% ihrer Einsätze wieder aus. Durch diese ungleichen Ausschüttungsquoten können die privaten Wettanbieter verstärkt Marktanteile gewinnen. Im Jahr 2006 ging es daher vermehrt um die Auseinandersetzung der Rechtmäßigkeit dieser privaten Wettanbieter.

Das Symposium Glücksspiel 2006 hatte sich zum Ziel gesetzt, die Auswirkungen des Bundesverfassungsgerichtsurteils aufzuarbeiten und ging in seiner Thematik auf die aktuellen Entwicklungen auf dem deutschen Glücksspielmarkt ein. Dies ist in besonderer Form gelungen. Neben den marktpolitischen Aspekten wurde auf finanz- und steuerpolitische Aspekte des Glücksspiels eingegangen sowie das Suchtpotenzial von Sportwetten empirisch aufbereitet dargestellt. Die Konsequenzen der Entscheidung des Bundesverfassungsgerichts aus juristischer Sicht wurden von Juristen aus Wissenschaft und Praxis kontrovers diskutiert. Erfolgreich hat sich daher das Symposium zu einem bedeutenden Medium von Wirtschaft, Politik und Wissenschaft etabliert. Weit mehr als 100 Personen hatten wieder den Weg nach Hohenheim gefunden, um an dieser besonderen Veranstaltung teilzunehmen. Die Forschungsstelle Glücksspiel leistete abermals einen wichtigen Beitrag zur Beobachtung und Erforschung des Glücksspielmarktes, der in Deutschland in seiner volkswirtschaftlichen Bedeutung noch immer unterschätzt wird, obgleich sein Volumen weit mehr als 30 Mrd. Euro beträgt.

Als Vorsitzender des Beirates und des Kuratoriums der Forschungsstelle Glücksspiel freue ich mich sehr, dass es erneut gelungen ist, die Beiträge des Symposiums Glücksspiel durch diesen Tagungsband der interessierten Öffentlichkeit zur Verfügung zu stellen.

Vorwort des Geschäftsführenden Leiters der Forschungsstelle
Prof. Dr. Tilman Becker

Der vorliegende Band enthält drei Beiträge zum Symposium 2006 der Forschungsstelle Glücksspiel.

In dem *ersten Beitrag* wird von mir der Unterschied zwischen der juristischen Definition von Glücksspiel und der ökonomischen Definition deutlich gemacht. Anschließend wird auf die verschiedenen Marktsegmente des Glücksspielmarktes eingegangen. Die unterschiedlichen Angebote auf diesem Markt werden vorgestellt. Die Bruttoumsätze und Nettoumsätze, d.h. die Umsätze nach Abzug der Gewinnausschüttungen, werden für jedes dieser Marktsegmente berechnet. Während der Bruttoumsatz insgesamt bei knapp 32 Mrd. Euro liegt, beträgt der Nettoumsatz 8 Mrd. Euro. Bei einer Betrachtung der Nettoumsätze zeigt sich, dass Lotterien mit einem Anteil von 58% an diesem Umsatz die größte wirtschaftliche Bedeutung haben, gefolgt vom Automatenspiel mit 32%. Hingegen haben Casinospiele bei einer Betrachtung der Nettoumsätze mit 4% nur eine untergeordnete Bedeutung, die der von Sportwetten entspricht. Gewinnspiele haben immerhin einen Anteil von 2% am Nettoumsatz auf dem Gesamtmarkt für Glücksspiel.

Die unterschiedlichen Auszahlungsquoten bei den verschiedenen Formen des Glücksspiels werden vorgestellt. Es zeigt sich, dass diese Auszahlungsquoten sehr unterschiedlich und oft für die Verbraucher nicht transparent sind. Hier wäre es sicherlich wünschenswert, wenn die Anbieter von Glücksspielen gesetzlich verpflichtet werden würden, die durchschnittlichen Auszahlungsquoten deutlich sichtbar für die Verbraucher anzugeben.

Aus aktuellem Anlass wird in dem ersten Beitrag etwas ausführlicher der Markt für Sportwetten vorgestellt. Diese Darstellung ist insbesondere im Zusammenhang mit der Darstellung der Besteuerung von Sportwetten in dem Beitrag von Bareis und Kahle von Interesse.

Glücksspiel ist eine bedeutende Einnahmequelle für den Staat. Die staatlichen Einnahmen und deren Verwendung werden in einem nächsten Abschnitt dargestellt. Der Beitrag stützt sich hier auf Angaben des Instituts für Wirtschaft, denen zu Folge die Einnahmen des Staates aus der Spielbankabgabe, der Rennwett- und Lotteriesteuer und den Gewinnabführungen bei 4,4 Mrd. Euro liegen (2005). Caesar kommt in seinem Beitrag hier zu etwas höheren Einnahmen im Bereich von 5 Mrd. Euro.

Der Beitrag schließt mit Berechnungen bzw. Schätzungen zu der Anzahl und den Ausgaben der Spieler bei den einzelnen Formen des Glücksspiels. Während der durchschnittliche Automatenspieler etwa 2.500 Euro im Jahr hierfür ausgibt, liegen die Ausgaben des durchschnittlichen Lottospielers pro Jahr nur bei 460 Euro.

Der *zweite Vortrag* gibt einen Einblick in die finanzwissenschaftlichen Aspekte des Glücksspiels. Dabei wird ein besonderes Augenmerk auf die Verhältnisse in Baden-Württemberg gelegt. Prof. Dr. Rolf Caesar, Finanzwissenschaftler an der Universität Hohenheim, zeigt, dass die fiskalischen Einnahmen aus Glücksspielen in Deutschland durchaus bedeutsam sind. Insgesamt beläuft sich die Summe der in die allgemeinen Haushalte der Länder fließenden und der zweckgebundenen Einnahmen aus dem staatlichen Glücksspielmonopol nach Angaben von Caesar im Jahr 2003 auf rund 5 Mrd. Euro. Das entspricht einem Finanzierungsbeitrag von gut 2% der Länderausgaben bzw. knapp 3% der Steuereinnahmen der Länder. Die öffentlichen Einnahmen aus dem Glücksspiel entsprechen damit etwa denjenigen aus der Grunderwerbsteuer. Diese Steuereinnahmen entspringen aus zwei verschiedenen Quellen. Zum einen stammen sie aus der Rennwett- und Lotteriesteuer und der Spielbankabgabe. Zum anderen führen die Unternehmen, die im Namen und auf Rechnung des Staates als Veranstalter von Glücksspielen tätig werden, zusätzlich den größten Teil Ihrer Reinerträge an die Länder ab. Ein erheblicher Teil dieser Einnahmen ist zweckgebunden. Das gilt vor allem für die Reinerträge der in öffentlichem Eigentum stehenden Lottogesellschaften. Die Grobaufteilung dieser zweckgebundenen Mittel auf verschiedene Kategorien von Begünstigten wie Sport, Kultur oder Soziales ist zwar durch Richtlinien der Länder festgelegt, unterliegt aber im Einzelnen nicht der parlamentarischen Kontrolle.

Dabei wirft die Zweckbindung der Einnahmen aus der Rennwettsteuer und der Reinerträge der Glücksspielunternehmen spezifische Rechtfertigungsprobleme auf, da sie dem Haushaltsgrundsatz der Non-Affektation, d.h. der Nicht-Zweckbindung, widerspricht. In dem Beitrag wird hierauf ausführlich eingegangen.

Abschließend legt nach Caesar der aktuelle Entwurf eines „Spieleinsatzsteuergesetzes" die Frage nahe, ob nicht ein genereller Ersatz der Rennwett- und Lotteriesteuer durch die Mehrwertsteuer denkbar wäre. Die Folgen für den bundesstaatlichen Finanzausgleich wären allerdings erheblich, da durch eine Änderung des Verteilungsschlüssels bei der Mehrwertsteuer der bundesstaatlich aktive Finanzausgleich ausgeglichen werden müsste.

Der *dritte Beitrag* mit dem Titel ‚Besteuerung von Glücksspielen' von Prof. Dr. Peter Bareis und Prof. Dr. Holger Kahle beschäftigt sich mit den steuerlichen Aspekten von Glücksspielen. Der Beitrag beginnt mit der steuerlichen Abgrenzung von dem Glücksspiel zum Geschicklichkeitsspiel. Dies ist eine interessante Ergänzung zu meinem Beitrag, in dem im ersten Teil auf die juristische und die ökonomische Abgrenzung des Glücksspiels vom Geschicklichkeitsspiel eingegangen wird. Es wird darauf hingewiesen, dass ein Preisskat steuerlich als

Geschicklichkeitsspiel betrachtet wird und daher nicht lotteriesteuerpflichtig ist, da nur bei geringer Spieldauer von einem Vorherrschen des Zufalls ausgegangen werden kann. Dies steht nach meiner Meinung in gewissem Widerspruch dazu, dass ein Pokertunier mit Geldeinsätzen auf der anderen Seite in der herrschenden ordnungsrechtlichen Praxis als Glücksspiel betrachtet wird, wie in meinem Beitrag erläutert.

In einem nächsten Teil gehen die Autoren auf die Besteuerung nach dem Rennwett- und Lotteriegesetz ein. Bereits in den beiden vorherigen Beiträgen wurde darauf hingewiesen, dass die Einnahmen des Staates aus diesen Steuern erheblich sind. Während die Rennwettsteuer allerdings in erster Linie der Pferdezucht dient, kommt die Lotteriesteuer den Haushalten der Länder zu Gute.

Die Autoren weisen darauf hin, dass das Steuersubjekt der Lotteriesteuer dasjenige ist, welches eine Lotterie oder Ausspielung ins Werk setzt. Gleiches gilt für die Sportwetten, die der Lotteriesteuer unterliegen. Der Vermittler einer Sportwette ist nicht Veranstalter im Sinne des Rennwett- und Lotteriegesetzes und daher nicht steuerpflichtig. Ist der Veranstalter einer Sportwette im Ausland ansässig und werden ihm Wetten aus dem Inland heraus über das Internet weitergeleitet oder vermittelt, liegt eine im Inland steuerpflichtige Veranstaltung nicht vor. Dies erklärt, warum die Anbieter von Sportwetten mit einer so genannten "DDR-Lizenz" in der Regel ihren Sitz in Malta oder Gibraltar haben. Hierauf wird in meinem Beitrag ausführlicher eingegangen. Interessant ist auch, dass die Lotteriesteuer auf ausländische Lose höher ist als die für inländische Lose. Bareis und Kahle werfen hier die Frage der Konformität mit dem Europarecht auf. Auch auf den Zusammenhang mit anderen Steuerarten wird kurz eingegangen.

Der nächste Abschnitt widmet sich der Spielbankabgabe. Auch diese kommt den Haushalten der Länder zu Gute. Die Spielbankabgabe wird als Prozentsatz vom Nettoumsatz, dem so genannten Bruttospielertag, erhoben und fällt zur Abgeltung mehrerer Steuerarten an. Die Spielbankbetreiber sind formal von weiteren Steuern, wie der Gewerbesteuer und der Einkommens- und Körperschaftssteuer, befreit.

Dann gehen die Autoren ausführlich auf die formale Ungleichbehandlung der Geldspielautomaten und Glücksspielautomaten in Spielbanken ein. Während der Umsatz an Geldspielautomaten umsatzsteuerpflichtig ist, gilt dies nicht für die Glücksspielautomaten, die der Spielbankabgabe unterliegen. Hier werden die Positionen des Bundesfinanzhofs und des Europäischen Gerichtshofs detailliert erläutert. Der Europäische Gerichtshof ist der Meinung, dass es sich hier um eine unzulässige Ungleichbehandlung handelt. Hierauf hat der deutsche Gesetzgeber nach dem in dem Beitrag von Caesar diskutierten Entwurf eines "Spieleinsatzsteuergesetzes" mit dem Anfang April 2006 beschlossenen Gesetz zur Eindämmung missbräuchlicher Steuergestaltung reagiert. Danach werden die bisher umsatzsteuerfreien Umsätze der öffentlichen Spielbanken umsatzsteuerpflichtig.

In einem letzen Abschnitt gehen Bareis und Kahle auf die einkommens- und ertragssteuerlichen Aspekte ein. Sie weisen hier auf die eigenartige Situation hin, dass eine Sondersteuer, die Totalisatorsteuer, erhoben wird, die als Subvention wieder fast vollständig an den Verein zurückfließt, auf der anderen Seite jedoch Gewerbe- und Körperschaftssteuer erhoben werden. Auch Lotterieeinnehmer sind einkommens- und gewerbesteuerpflichtig. Auf der anderen Seite unterliegen die staatlichen Lotterieunternehmen weder der Körperschaftssteuer noch der Gewerbesteuer.

In einem letzten Abschnitt diskutieren die Autoren die Befreiung von Spiel- Sport-, Wett- und Lotteriegewinnen von der Einkommenssteuer. Es wird die Frage aufgeworfen, ob es sich bei einem Spieleinsatz nicht um einen privaten Konsum handelt, der eigentlich der Umsatzsteuer zu unterwerfen sei.

Auf dem Symposium wurde ein weiterer Vortrag zur Prof. Dr. Gerhard Meyer zum Gefährdungspotential von Sportwetten gehalten. Leider liegt von diesem Vortrag keine schriftliche Fassung vor.

Am Ende dieses Bandes steht ein Überblick über die wichtigsten Ereignisse auf dem Glücksspielmarkt im Jahr 2006. Da das Symposium jährlich stattfindet und auch in Zukunft jedes Jahr ein Band mit den Beiträgen zum Symposium erscheinen soll, gibt uns dies die Gelegenheit, jedes Jahr auf die wichtigsten Ereignisse des Jahres zurückzublicken. In diesem Band wollen wir hiermit den Anfang machen.

Inhaltsverzeichnis

VORWORT DES BEIRATSVORSITZENDEN DR. WOLFGANG G. CRUSEN	V
VORWORT DES GESCHÄFTSFÜHRENDEN LEITERS DER FORSCHUNGSSTELLE PROF. DR. TILMAN BECKER	VII
DER MARKT FÜR GLÜCKSSPIELE UND WETTEN **TILMAN BECKER**	1
1 Einführung	1
2 Zur Problematik der juristisch orientierten Segmentierung des Marktes	2
3 Umsätze in den einzelnen Segmenten auf dem Markt für Glücksspiel	5
4 Auszahlungsquoten	10
5 Der Markt für Sportwetten	12
6 Staatliche Einnahmen und deren Verwendung	14
7 Anzahl und Ausgaben der Spieler in den verschiedenen Glücksspielformen	18
EINIGE FINANZWISSENSCHAFTLICHE ASPEKTE DES GLÜCKSSPIELS **ROLF CAESAR**	25
1 Einführung	25
2 Glücksspiel als öffentliche Einnahmequelle	25
3 Zur finanzwissenschaftlichen Problematik der Zweckbindung	28
4 Umsatzbesteuerung als Alternative zur Glücksspielbesteuerung?	31
5 Zusammenfassung	34
BESTEUERUNG VON GLÜCKSSPIELEN **PETER BAREIS UND HOLGER KAHLE**	37
1 Einleitung	37
2 Begriff und Arten von Glücksspielen und Abgrenzung zu Geschicklichkeitsspielen	37
3 Der Steuerzugriff nach dem Rennwett- und Lotteriegesetz	40
3.1 Gesetzliche Grundlagen	40
3.2 Die Besteuerung von Rennwetten und die Verwendung der Steuern	41

3.3 Die Besteuerung von Lotterien und die Verwendung der Steuern 42

3.4 Zusammenhang mit anderen Steuerarten 46

4 Die Spielbankabgabe 47

4.1 Historische Entwicklung und Gesetzgebungshoheit 47

4.2 Geltendes Recht 48

4.3 Spielbankabgabe und europäische Mehrwertsteuer 50

5 Einkommen- und ertragsteuerliche Aspekte 53

5.1 Einkommen- und Ertragsteuern der Anbieter von Glücksspielen 53

5.2 Einkommen- und Ertragsteuern des Gewinners 56

DER DEUTSCHE GLÜCKSSPIELMARKT IM JAHR 2006
TILMAN BECKER UND DIETMAR BARTH 63

1 Urteil des Bundesverfassungsgerichts vom 28. März 2006 63

2 Lage der privaten Anbieter mit einer DDR-Lizenz 66

3 Beschluss des Bundeskartellamtes vom 28. August 2006 69

4 Entwurf eines neuen Staatsvertrages vom 14. Dezember 2006 70

5 Sportwetten Übersichtskarten 72

6 Ausblick 72

ZU DEN AUTOREN XIII

Der Markt für Glücksspiele und Wetten

Tilman Becker[1]

1 Einführung

Der Markt für Glücksspiel ist ein bedeutender und expandierender Markt, vor allem im Bereich der Sportwetten. Der Umsatz auf dem Markt für Glücksspiele und Wetten, vor Ausschüttung der Gewinne, dürfte 2006 etwas über 31 Mrd. Euro betragen haben.[2] Die Ausschüttung der Gewinne variiert je nach Glücksspiel und Anbieter. Die Einnahmen des Staates aus dem Glücksspiel liegen bei über 4 Mrd. Euro.

In dem folgenden Beitrag wird zuerst der Unterschied zwischen der juristischen und der ökonomischen Definition von Glücksspielen deutlich gemacht. Anschließend wird auf die verschiedenen Marktsegmente des Glücksspielmarktes eingegangen. Die unterschiedlichen Angebote auf diesem Markt werden vorgestellt. Die Bruttoumsätze und Nettoumsätze, d.h. die Umsätze nach Abzug der Gewinnausschüttungen, werden für jedes dieser Marktsegmente berechnet. Dann wird auf die unterschiedlichen Auszahlungsquoten bei den verschiedenen Formen des Glücksspiels eingegangen. Es zeigt sich, dass diese Auszahlungsquoten doch sehr unterschiedlich und oft für die Verbraucher nicht transparent sind. Aus aktuellem Anlass wird anschließend etwas ausführlicher der Markt für Sportwetten vorgestellt. Glücksspiel ist eine bedeutende Einnahmequelle für den Staat. Die staatlichen Einnahmen und deren Verwendung werden in einem nächsten Abschnitt dargestellt. Der Beitrag schließt mit Berechnungen bzw. Schätzungen zu der Anzahl und den Ausgaben der Spieler bei den einzelnen Formen des Glücksspiels. Mit dieser Darstellung des Angebots, der Nachfrage und der Einnahmen des Staates wird auf die drei konstituierenden Elemente des Glücksspielmarktes eingegangen.

---

[1] Prof. Dr. Tilman Becker ist Inhaber des Lehrstuhls für Agrarpolitik und Landwirtschaftliche Marktlehre an der Universität Hohenheim und seit 2005 Geschäftsführender Leiter der Forschungsstelle Glücksspiel.
[2] Interessant ist der Vergleich mit den Ausgaben der öffentlichen und privaten Hochschulen, der bei etwa 31 Mrd. Euro liegt und damit genau so hoch ist (Ausgaben der Hochschulen nach Forschung und Lehre Nr. 9/2005 S. 458).

Abb. 1: Der Mark für Glücksspiel

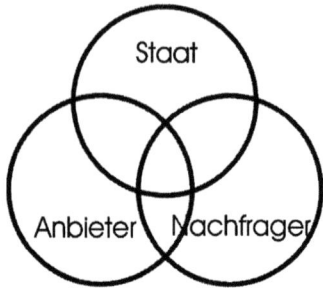

Quelle: Eigene Darstellung

Schlüsselworte:

Glücksspiel, Sportwetten, Marktvolumen, Glücksspielteilnahme, Monopol, Lizenzlösung, Liberalisierung, Wohlfahrtsanalyse, Auszahlungsquote

2 Zur Problematik der juristisch orientierten Segmentierung des Marktes

Der Markt für Glücksspiel ist nicht eindeutig definiert. Die juristische Definition von Glücksspiel unterscheidet sich von der ökonomischen Definition des Glücksspiels.

Aus ökonomischer Sicht handelt es sich dann um ein Glücksspiel, wenn ein Teilnehmer einen finanziellen Einsatz leistet und der Gewinn vom Zufall abhängt. Hierbei kommt es weder auf die Höhe des Einsatzes an, noch auf den Grad der Bedeutung, den der Zufall hat. Während bei Karten- und Würfelspielen das Ergebnis ganz offensichtlich vom Zufall abhängt, es sich also um Glücksspiele handelt, wenn diese um Geld gespielt werden, scheint dies bei Schach auf den ersten Blick nicht der Fall zu sein. Dieses Spiel besitzt ein einziges (teilspielperfektes) Gleichgewicht.[3] Es gibt entweder eine reine Strategie, die immer Weiß gewinnen lässt oder eine reine Strategie, die immer Schwarz gewinnen lässt oder eine reine Strategie, die immer zu einem Remis führt. Schach ist so kompliziert, dass wir diese reine Strategie nicht kennen, aber wir wissen, dass es sie gibt, da es sich bei Schach um ein Spiel mit perfekter Information handelt. Wenn also die Farbe, weiß oder schwarz, zu Beginn des Schachspiels ausgelost wird und um Geld gespielt wird, so handelt es sich im

---

[3] Vgl. Zermelo (1913), S. 501ff.

Prinzip um ein Glücksspiel, da bei perfekten Spielern das Ergebnis nur von der Auslosung der Farbe abhängt. Aus ökonomischer Sicht handelt es sich also immer dann um ein Glücksspiel, wenn der Zufall eine Rolle spielt. Dabei wird im Gegensatz zu der juristischen Definition nicht von einem durchschnittlichen Spieler ausgegangen, sondern von dem perfekten Spieler. Immer dann, wenn das Prinzip Zufall ins Spiel kommt und um Geld gespielt wird, handelt es sich um ein Glücksspiel. Dabei ist es nicht von Bedeutung, ob der Einfluss des Zufalls eher gering zu veranschlagen ist, wie beim Schachspiel, oder erheblich, wie beim Roulette.

Die juristische Definition ist in sich sehr viel widersprüchlicher. Der Gesetzgeber unterscheidet einerseits Spielgeräte mit Gewinnmöglichkeit, die in der Gewerbeordnung und der Spielverordnung definiert sind, und andererseits Glücksspiele, die im Strafgesetzbuch definiert werden. Während Spielgeräte mit Gewinnmöglichkeiten (Geldspielgeräte) laut Gewerbeordnung von der Physikalisch-Technischen Bundesanstalt bzw. dem Bundeskriminalamt, also von Bundesbehörden, geprüft werden, erfolgt die Prüfung bei Glücksspielgeräten durch die betreffenden Behörden des jeweiligen Bundeslandes. Die Geldspielautomaten mit Gewinnmöglichkeit fallen juristisch nicht unter den Begriff des Glücksspiels. Geldspiel- und Glücksspielgeräte sind von dem Aussehen und von der Bauart weitestgehend identisch und unterscheiden sich nur in dem Aufstellungsort, Spielbank oder Spielhalle, und in der Regel in der Auszahlungsquote, der Höhe des Jackpots und der Höhe der Einsätze. Die juristische Abgrenzung ist in der Praxis daher oft nur gerichtlich möglich bzw. muss durch den Gesetzgeber geregelt werden. Glücksspiele unterliegen dem Ordnungsrecht der Bundesländer, Geldspiele mit Gewinnmöglichkeit hingegen dem Gewerberecht des Bundes. Somit fallen die Glücksspielautomaten in die Hoheit der Länder, die Geldspielautomaten in die Gesetzgebungskompetenz des Bundes. Diese juristische Trennung zwischen Geldspielautomaten und Glücksspielautomaten ist sachlich nicht gerechtfertigt.

Auch die Unterscheidung des Gesetzgebers zwischen Gewinnspielen und Glücksspielen ist fließend. Ein Glücksspiel ist eine kreative, spielerische Tätigkeit mit ausschließlich entgeltlichem Einsatz, bei der der Erfolg ganz oder überwiegend vom Zufall abhängt und nicht vom Spieler beeinflussbar ist. Wenn entweder der entgeltliche Einsatz fehlt oder die Geschicklichkeit der Spieler eine maßgebliche Rolle spielt, handelt es sich um ein Gewinnspiel.

So fehlt es aus juristischer Sicht beispielsweise an dem entgeltlichen Einsatz, wenn dieser in der Briefmarke für die Postkarte zur Teilnahme an dem Spiel besteht. Es genügt ein versteckter Einsatz, also z.B. die Berechnung von Telefongebühren bei der Schaltung einer kostenpflichtigen Rufnummer. Das Porto dagegen ist nur für den Transport bestimmt und kommt nicht dem Veranstalter zugute. Daher gilt dies nicht als kostenpflichtige Teilnahme mit Einsatz. Der entgeltliche Einsatz muss nicht unerheblich sein. Diese Erheblichkeits-Grenze liegt nach Ansicht der Rechtsprechung zwischen 0,05 Euro und 2,50 Euro, wobei hier vieles unklar oder gar widersprüchlich ist. So ist z.B. juristisch ungeklärt, wann die Schaltung einer kostenpflichtigen Rufnummer zum Überschreiten dieser Erheblichkeits-Grenze führt. Insbesondere bei den Fernsehgewinnspielen ist diese Unterscheidung mehr als fragwürdig. Beim Drücken der Wahlwiederholungstaste am Telefon dürften sich die Verluste eines Spielers schnell zu sicherlich ganz erheblichen Einsätzen aufsummieren. Auch hier erscheint die juristische Abgrenzung nicht ausreichend theoretisch begründet.

Insbesondere ist es auch fraglich, wie Spiele einzuordnen sind, bei denen das Wissen oder die Geschicklichkeit der Teilnehmer von Bedeutung ist, das Ergebnis aber auch von dem Zufall abhängt. Zufall liegt nach Ansicht der Rechtsprechung vor, wenn das Spielergebnis vom Wirken unberechenbarer, dem Einfluss der Teilnehmer entzogener Ursachen abhängt. Bei Geschicklichkeitsspielen hängt der Ausgang des Spiels maßgeblich vom Können oder den Fähigkeiten eines Teilnehmers ab. Dabei erfolgt die Bewertung aus der Perspektive des teilnehmenden Durchschnittsspielers. Dies bedeutet, dass je nach Teilnehmerkreis dasselbe Spiel aus juristischer Sicht einmal als Glücksspiel zu bewerten ist und ein anderes Mal als Gewinnspiel. Auch bei Mischformen von Geschicklichkeitsspiel und Glücksspiel ist sich die Rechtsprechung unsicher. Hier wird in der Regel davon ausgegangen, dass es sich um ein Glücksspiel handelt, wenn das Zufallselement überwiegt und um ein Geschicklichkeitsspiel, wenn das Teilnehmerwissen entscheidend ist. Gerade in Bezug auf Sportwetten ist diese Unterscheidung zwischen einem Glücksspiel, welches dem staatlichen Glücksspielmonopol unterliegt, und einem Geschicklichkeitsspiel, für welches dies nicht der Fall ist, entscheidend.

Auch bei den Kartenspielen ist die juristische Abgrenzung zwischen Glücksspielen und Unterhaltungsspielen nicht eindeutig. Wenn bei den einzelnen Spielrunden als Einsatz Geld in erheblichem Umfang gesetzt wird, handelt es sich eindeutig um ein Glücksspiel im juristischen Sinn. Doch ab welchem Einsatz für die Teilnahme an einer Spielveranstaltung und der Ausschüttung dieses Einsatzes an die erfolgreichen Spielteilnehmer beginnt das Glücksspiel? Wenn die Teilnahmegebühr nur zur Deckung der Kosten der Durchführung der Spielveranstaltung dient und 15 Euro nicht überschreitet und die Gewinne nicht aus dieser Teilnahmegebühr bezahlt werden, sondern von Sponsoren gestiftet werden, handelt es sich nach heutiger Auffassung nicht um ein Glücksspiel. Kartenspiele um Geld, die als Glücksspiele zu betrachten sind, werden hier dem Marktsegment Casinospiele zugerechnet, da diese traditionell in Casinos angeboten werden.

3 Umsätze in den einzelnen Segmenten auf dem Markt für Glücksspiel

Da die juristische Abgrenzung der einzelnen Marktsegmente sachlich nicht gerechtfertigt ist, soll der folgenden Betrachtung die ökonomische Abgrenzung der einzelnen Marktsegmente zu Grunde gelegt werden. Es werden drei Segmente unterschieden: *Lotterien, Sportwetten* sowie *Casino- und Automatenspiele*.[4] Wir werden Casinospiele und Automatenspiele als zwei unterschiedliche Segmente betrachten, ein Zugeständnis an die juristische Segmentierung. Darüber hinaus rechnen wir auch die immer beliebter werdenden Gewinnspiele zu den Glücksspielen, obwohl dies nicht der engen juristischen Definition von Glücksspiel entspricht.

Der Markt für Glücksspiel setzt sich damit aus den folgenden Marktsegmenten zusammen:

- Automatenspiele
- Lotterien
- Casinospiele
- Sportwetten
- Gewinnspiele

Spielautomaten sind in Spielbanken, Spielhallen und Gaststätten zu finden. In Spielhallen und Gaststätten betrug 2004 der Umsatz der Geldspielautomaten mit Gewinnmöglichkeit 5,8 Mrd. Euro.[5] Der Bruttospielertrag der Glücksspielautomaten in Spielbanken belief sich im selben Jahr auf 736 Mio. Euro.[6] Wenn eine Ausschüttungsquote von 91% unterstellt wird, wäre dies ein Umsatz für die Glücksspielautomaten in Spielbanken von 8,18 Mrd. Euro. Hieraus ergibt sich ein Gesamtumsatz bei allen Spielautomaten von 13,98 Mrd. Euro.

Zu den **Lotterien** sind das Zahlenlotto, Spiel 77, Super 6, Glücksspirale, Sofortlotterien (Rubbellose), Keno, Bingo, Plus 5, Klassenlotterien, Fernsehlotterien und die Umweltlotterie zu zählen. Diese haben im Jahr 2004 insgesamt einen Umsatz von 9,78 Mrd. Euro erzielt.[7]

Unter **Casinospielen** fassen wir hier Roulette und Kartenspiele der Spielbanken wie auch der privaten Internet-Anbieter. Der geschätzte Gesamtumsatz in Höhe von 5,84 Mrd. Euro Umsatz bei Casinospielen setzt sich aus den Umsätzen der Spielbanken und der privaten Anbieter folgendermaßen zusammen:

---

[4] Vgl. Albers (1993), S. 80ff.
[5] Vgl. Meyer (2000), S. 114ff.
[6] Vgl. ebd.
[7] Eigene Berechnungen nach Meyer (2006)

- Der Bruttospielertrag (Einsätze minus Gewinne) der Spielbanken betrug 2004 bei Roulette, Black Jack u. a. 220 Mio.[8] Wenn eine Ausschüttungsquote von 95% unterstellt wird, wäre dies ein Umsatz für die Casinospiele in Spielbanken von 4,44 Mrd. Euro.

- Bwin weist in seinem Geschäftsbericht von 2006 Bruttospielerträge im Casinobereich in Höhe von 79 Mio. Euro aus. Laut Geschäftsbericht fallen 75% der Nettospielerträge (Bruttospielerträge minus Verkaufskommissionen und Kundenboni) in Europa an.[9] Wenn unterstellt wird, dass hiervon 50% in Deutschland anfallen, ergeben sich für Bwin Bruttospielerträge in Höhe von 29,6 Mio. Euro aus Casinospielen in Deutschland. Wenn eine Ausschüttungsquote von 95% unterstellt wird, ist dies ein Umsatz von 592 Mio. Euro.

- Bwin weist in seinem Geschäftsbericht 2006 Bruttospielerträge (Rake) im Segment Poker (ohne USA) in Höhe von 61 Mio. Euro aus.[10] Wenn eine durchschnittliche Gebühr von 3 Euro pro Spiel und ein durchschnittlicher Einsatz von 50 Euro pro Spiel unterstellt werden, ergibt sich bei einem Anteil des deutschen Marktes von 50% am europäischen Markt ein Umsatz von Bwin in Deutschland in der Höhe von 508 Mio. Euro.

- Hierzu kommt noch der geschätzte Umsatz der anderen privaten Anbieter in Höhe von 300 Mio. Euro bzw. Bruttospielerträge von 60 Mio. Euro.

Insgesamt würde sich auf dem Online-Casino-Markt damit ein Umsatz von 1,4 Mrd. Euro ergeben. Zu etwas höheren Ergebnissen kommt MECN mit einer Schätzung von 2,1 Mrd. Euro Umsatz auf dem Online-Casino-Markt insgesamt.[11] Diese Zahl basiert auf Schätzungen der Bruttospielerträge von 190 Mio. Euro.

---

[8] Vgl. Meyer (2000), S. 114ff.
[9] Vgl. bwin, Annual Report for 2006, S. 36
[10] Vgl. ebd., S. 35
[11] Vgl. MECN (2005), S. 4

Der geschätzte Umsatz bei **Sportwetten** von 1,83 Mrd. Euro setzt sich zusammen aus:

- 342,3 Mio. Euro Umsatz von ODDSET (2006)[12],

- 1,992 Mrd. Euro Umsatz bei Sportwetten.[13] Davon 75% in Europa und davon die Hälfte in Deutschland ergibt einen Umsatz von 747 Mio. Euro auf dem deutschen Markt. Die Bruttospielerträge lagen insgesamt bei 175 Mio.[14] Damit ergeben sich geschätzte Bruttospielerträge für Deutschland in der Höhe von 66 Mio. Euro.

- 500 Mio. Euro Umsatz der anderen privaten Anbieter (geschätzt),

- 241 Mio. Euro Umsatz (2004) bei Fußballtoto und Pferdewetten.[15]

Auch hier kommt MECN wieder zu einem etwas höheren Ergebnis mit einem Umsatz bei Wetten in der Höhe von 2,18 Mrd. Euro.[16] MECN geht von einem Marktanteil der privaten Anbieter von 70% und von ODDSET von 22% aus. Den Rest machen die Pferderennbahnen und Toto aus. Ein Markanteil von 70% für die privaten Anbieter am gesamten Wettmarkt scheint doch eine hohe Schätzung.[17] Der Deutsche Buchmacherverband schätzt den Umfang der Sportwettvermittlung auf 1.575 Mrd. Euro für 2005 und den Umsatz bei Internetwetten auf 1.360 Mrd. Euro. Hier kommen noch die Umsätze bei Pferdewetten und ODDSET hinzu. Insgesamt ergibt sich damit ein Umsatz bei Sportwetten für 2005 in der Höhe von 3,65 Mrd. Euro ergeben.[18]

Der Umsatz der **Gewinnspielanbieter** dürfte in der Größenordnung von 150 Mio. Euro liegen. Im Jahr 2008 sollen sogar nach Schätzungen von Goldmedia 782 Mio. Euro allein aus kostenpflichtigen Anrufen erlöst werden.[19] Nach eige-

---

[12] Vgl. Pressemitteilung des Deutschen Toto- und Lottoblocks vom 5.01.2007. Das Lottojahr 2006: 114 Millionäre, Rekordjackpot und geringere Einsätze (http://www.lotto.de /presse_detail_199.html). Im Jahr 2005 betrug der Umsatz von ODDSET noch 431,8 Mio. Euro.
[13] Vgl. bwin, Annual Report for 2006, S. 75
[14] Vgl. ebd.
[15] Vgl. Meyer (2000), S. 114ff.
[16] Vgl. MECN (2005), S. 4
[17] Markus Meyer, verantwortlich für das Deutschland-Geschäft der betandwin e.K kommt in einem Interview für "Die Welt" am 8. November 2005 mit dem Titel "Der Sport-Wettumsatz wird um 30% zulegen" zu einer Schätzung für den Umsatz mit Sportwetten in Deutschland 2004 von rund 1,5 Mrd. Euro.
[18] Vgl. Deutscher Buchmacher Verband e.V.: Marktanteile in Deutschland 2005 (http://www.buchmacherverband.de)
[19] Zu diesem Ergebnis kommt Goldmedia in der Studie ‚T-Commerce 2008', die hier nach Hecker und Ruttig (2005) zitiert wird.

nen Angaben erzielt die ProSiebenSat.1 Media AG im Jahr 2006 in dem Segment Transaktions-TV, in dem der Sender Neun Live ausgewiesen wird, einen Umsatz von 96 Mio. Euro.[20] Hinzu kommt ein geschätzter Umsatz der anderen Gewinnspielanbieter im Fernsehen von 54 Mio. Euro. Dies stimmt mit den Schätzungen von MECN in der Höhe von 150 Mio. überein. Neben Neun Live werden Gewinnspiele im RTL Nachtquiz, Sat1 Quiznight, Kabel 1 und MTV Quiznacht angeboten

Abb. 2: Anteile der einzelnen Marktsegmente des Glücksspielmarkts am Bruttomarktergebnis von 31,6 Mrd. Euro

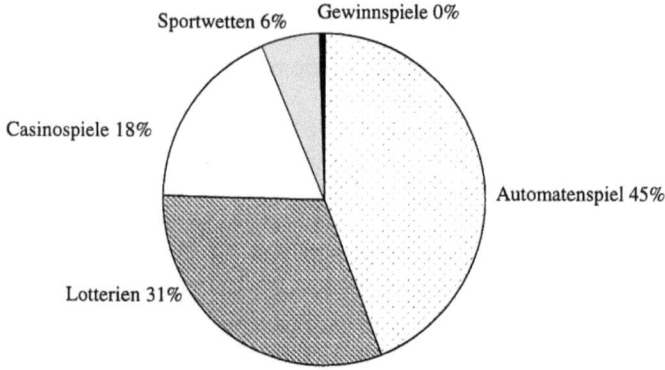

Quelle: Eigene Berechnungen

Aus der Abbildung wird deutlich, dass Automatenspiele mit 45% Markanteil und Lotterien mit 31% Marktanteil den Markt für Glücksspiel dominieren. Es folgen Casinospiele mit einem Marktanteil von 18%. Der Marktanteil für Sportwetten liegt bei 6% und der Marktanteil für Gewinnspiele bei unter 0,5%.

Albers kommt für das Jahr 1988 zu einem Marktanteil des Automatenspiels von 47,6%, der Lotterien von 34,3% und der Casinospiele von 15,7%.[21] Gewinnspiele werden nicht berücksichtigt und der Sportwettenmarkt war noch auf die Pferdewetten beschränkt, die einen Marktanteil von 0,2% hatten. Seit Mitte der siebziger Jahre, nach Abflauen einer Spielbankengründungswelle in verschiedenen Bundesländern, gab es keine wesentlichen Anteilsverschiebungen zwi-

---

[20] Vgl. ProSiebenSAT1 Media AG, Geschäftsbericht 2006, S. 113
[21] Vgl. Albers (1993), S. 138ff.

schen den Segmenten.[22] An diesen Marktanteilen hat sich bis auf heute kaum etwas geändert, mit Ausnahme des Sportwettenmarktes, dessen Marktanteil erheblich zu Kosten der anderen Marktsegmente gestiegen ist. Auch der gesamte Markt für Glücksspiel ist deutlich expandiert. Während im Jahr 1988 der Gesamtumsatz auf dem Glücksspielmarkt noch bei 28,7 Mrd. DM lag, ist dieser Umsatz bis Mitte dieses Jahrzehnts auf über 31 Mrd. Euro angestiegen und hat sich damit in den letzen siebzehn Jahren mehr als verdoppelt.

Abb. 3: Anteil der einzelnen Marktsegmente des Glücksspielmarktes am Nettomarktergebnis von 8,4 Mrd. Euro

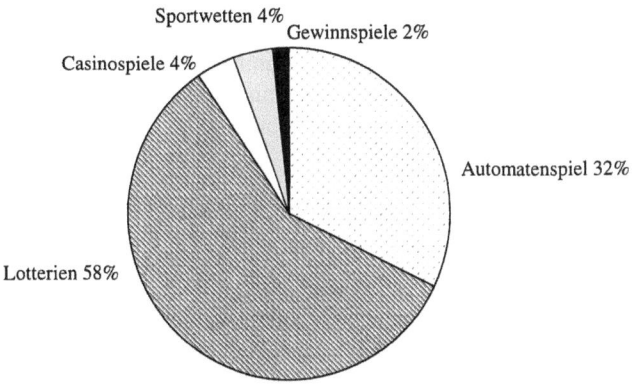

Quelle: Eigene Berechnungen

Ein anderes Bild zeigt sich, wenn die Gewinnausschüttungen von den Umsätzen abgezogen werden. Bei diesem Nettomarktergebnis, dem so genannten Bruttospielertrag, dominieren die Lotterien mit 4,89 Mrd. Euro, wobei eine Ausschüttungsquote von 50% unterstellt wird, Es folgt das Automatenspiel mit einem Bruttospielertrag von 736 Mio. Euro in Casinos und 1,972 Mrd. Euro bei Geldspielautomaten, bei den letzteren wird dabei eine Ausschüttungsquote von 66% unterstellt. Zu den Bruttospielerträgen der Casinos im großen Spiel von 220 Mio. Euro sind noch die der privaten Anbieter hinzuzurechnen. Wenn für die anderen privaten Anbieter derselbe Bruttospielertrag unterstellt wird, wie für Bwin, summiert sich hier das Nettomarktergebnis auf 340 Mio. Euro. Wenn bei den Sportwetten für ODDSET eine Ausschüttungsquote von 50% unterstellt wird ergibt sich ein Bruttospielergebnis von 171 Mio. Euro. Hierzu kommt noch

---

[22] Vgl. Albers (1993), S. 139

der geschätzte Bruttospielertrag von Bwin in Deutschland in Höhe von 66 Mio. Euro. Bei der Schätzung der Bruttospielerträge der anderen privaten Anbieter und der Pferdewetten wird eine Ausschüttungsquote von 90% unterstellt. Somit ergibt sich hier ein Bruttospielertrag in Höhe von 311 Mio. Euro. Bei Gewinnspielen dürfte der Bruttospielertrag nur geringfügig unter dem Umsatz liegen. Nach eigenen Angaben schüttet Neun Live jeden Monat etwa 1 Mio. Euro an Gewinnen aus. Wenn eine Ausschüttungsquote von 12% für alle Fernsehspielanbieter unterstellt wird, ergibt sich ein Bruttospielergebnis von 132 Mio. Euro.

Casinospiele verlieren im Vergleich zum Bruttomarktergebnis ganz erheblich an wirtschaftlicher Bedeutung, wenn das Nettomarktergebnis betrachtet wird. Die Lotterien hingegen werden noch dominanter als bereits bei der Betrachtung der Umsatzanteile, Automatenspiele verlieren etwas an Bedeutung. Bei einem Vergleich des Bruttomarktergebnisses mit dem Nettomarktergebnis wird deutlich, dass Sportwetten eine wirtschaftliche Bedeutung erlangt haben, die mit den Casinospielen vergleichbar ist. Auch die Gewinnspiele im Fernsehen erweisen sich bei einer Betrachtung des Nettomarktergebnisses als wirtschaftlich relevantes Marktsegment.

4 Auszahlungsquoten

Die Auszahlungsquoten bestimmen die Differenz zwischen dem Umsatz oder Bruttomarktvolumen und dem Bruttospielergebnis oder Nettomarktvolumen. Genaue Angaben liegen hier in der Regel nicht vor. Die Auszahlungsquote gibt den Prozentsatz der ausgeschütteten Gewinne pro Einsatz wieder.

Die Glücksspielautomaten in Spielbanken haben eine Auszahlungsquote von 95%.[23] Nach der bis Ende 2005 gültigen Spielverordnung haben Geldspielautomaten mit Gewinnmöglichkeit zumindest eine Auszahlungsquote von 60% der durch den jeweils geltenden Umsatzsteuersatz verringerten Einsätze. Dies würde bedeuten, dass 51,7% des Einsatzes an die Spieler wieder ausgeschüttet wird. Bornecke geht hingegen von einer Auszahlungsquote für Geldspielautomaten nach der alten Spielverordnung von 67% aus.[24] Nach der neuen Spielverordnung § 13 darf der Einsatz nicht 0,20 Euro überschreiten bei einer Mindestspieldauer von 5 Sekunden. Hieraus ergibt sich ein maximaler Einsatz von 144 Euro pro Stunde. Die Summe der Verluste (Einsätze abzüglich Gewinne) darf 88 Euro nicht überschreiten. Dies würde rein rechnerisch eine Auszahlungsquote von mindestens 39% bedeuten. In § 12 wird gefordert, dass bei langfristiger Betrachtung kein höherer Betrag als 33 Euro pro Stunde als Kasseninhalt ver-

---

[23] Vgl. Bornecke (2006), S. 8ff.
[24] Vgl. ebd.

bleibt. Wenn wieder von den maximalen Einsätzen pro Stunde von 144 Euro ausgegangen wird, würde dies zu einer langfristigen Auszahlungsquote von zumindest 77% führen. Bornecke geht von einer Auszahlungsquote von mehr als 77% auf Grund der neuen Spielverordnung aus. Je nach Standort des Automaten - Gaststätte, Spielhalle oder Automatensaal einer Spielbank - dürfte daher die Auszahlungsquote zumindest 39% bis zu 97% betragen, wenn z.b. Roulette als Glücksspiel an einem Automaten in der Spielbank angeboten wird. In Gaststätten dürfte die Auszahlungsquote am geringsten sein und in Spielbanken am höchsten. Die Spielhallen dürften dazwischen liegen.

Bei den Lotterien gibt es ebenfalls uneinheitliche Auszahlungsquoten. Generell wird bei der Lotterie 6 aus 49 von einer Auszahlungsquote von 50% ausgegangen.[25] Die Auszahlungsquoten der Klassenlotterien liegen nach Bornecke bei 55% (NKL) bzw. 53% (SKL).[26] Zu ähnlichen Ergebnissen kommt die Stiftung Warentest mit 55,2% für die SKL und 52,6% für die NKL.[27] Tolkemit kommt für die 105 Klassenlotterie der SKL zu einer Auszahlungsquote von 53%.[28] Albers (1993) hingegen kommt hier zu 50,7% (NKL) bzw. 55,2% (SKL). Die Auszahlungsquoten bei dem Spiel 77 dürften bei 42% und bei Super 6 bei 45% liegen.[29] Zu ähnlichen Ergebnissen kommt die Stiftung Warentest mit 43,3% für Spiel 77 und 50% für die Super 6.[30] Für die Fernsehlotterien liegen keine aktuellen Zahlen vor. Albers geht hier von einer Auszahlungsquote von 25% (ARD) bzw. 27% (ZDF) aus.[31] Nach Stiftung Warentest liegt die Auszahlungsquote für die Glücksspirale bei 38,8%, für den Großen Preis bei 29,2% und für Die Goldene 1 bei 31,52%.[32]

Bei den Casinospielen sind in der Regel die Auszahlungsquoten relativ hoch. So liegt bei Roulette die Auszahlungsquote bei 97%. Bei Black Jack hängt die Auszahlungsquote entscheidend von dem Spielverhalten ab. Wenn die Strategie des Card-Dealers nachgeahmt wird, so liegt die Auszahlungsquote bei 94%. Bei Poker ist die Auszahlungsquote 100% abzüglich der Gebühr, die der Veranstalter einbehält. Diese Gebühr dürfte etwa im Durchschnitt bei 6% liegen. Damit ergibt sich auch hier eine Auszahlungsquote von 94%.

Bei Sportwetten variiert die Auszahlungsquote je nach Anbieter. Bei einer sicheren Wette lag 2005/2006 nach eigenen Berechnungen die Ausschüttungs-

---

[25] Vgl. z. B. Bornecke (2006), S. 8-28; Albers, 1993, Seitenangabe, Tolkemit (2002), S. 51
[26] Vgl. Bornecke (2006), S. 8ff.
[27] Vgl. Stiftung Warentest, 7/94, S. 70-75
[28] Vgl. Tolkemit (2002), S. 68
[29] Vgl. Bornecke (2006), S. 8ff.
[30] Vgl. Stiftung Warentest, 7/94, S. 70-75
[31] Vgl. Albers (1993), S. 135
[32] Vgl. Stiftung Warentest, 7/94, S. 70-75

quote für die privaten Wettanbieter bei 90%. Für den staatlichen Wettanbieter ODDSET lag diese Ausschüttungsquote bei einer sicheren Einzelwette bei 80%. Da hier aber nur die Dreierkombiwette möglich ist, ergibt sich eine Auszahlungsquote für ODDSET von etwa 50%. Bei Toto liegt die Auszahlungsquote ebenfalls bei 50%.[33] Die Auszahlungsquoten der Buchmacher liegen bei 72,5%, die des Trabrenntotalisators bei 71% und des Galopprenntotalisators bei 75%.[34]

Bei den Fernsehgewinnspielen ergibt sich für Neun Live eine Auszahlungsquote von 12%, die sich aus den Umsätzen in Höhe von 96 Mio. Euro und einer monatlichen Ausschüttung von 1 Mio. Euro berechnet.

Abb. 4: Auszahlungsquoten

Spiel	Auszahlungsquote in Prozent
Automatenspiel	39-97%
Lotterien	25-70%
Casinospiele	94-97%
Sportwetten	50-90%
(Fernseh-) Gewinnspiele	10-12%

Quelle: Eigene Berechnungen

5 Der Markt für Sportwetten

Bereits seit einigen Jahrzehnten ist der Sportwettenmarkt durch eine große Dynamik gekennzeichnet. Das klassische Toto und die Pferdewetten als Formen der Sportwette haben eine lange Tradition. Dieses Angebot wurde von den staatlichen Lotteriegesellschaften 1974 um die Auswahlwette und das Rennquintett ergänzt. Im Jahr 2000 wurde ODDSET eingeführt. Bereits Anfang der 90er Jahre stammten rund 20% der 60 bis 70 Mio. DM vom Umsatz (entspricht etwa 30 bis 35 Mio. Euro) der österreichischen Sportwettenanbieter aus dem Verkauf von Wetten an bundesdeutsche Konsumenten, obwohl damals nur der postalische Vertrieb möglich war.[35] Heutzutage dürfte dieser Umsatz österreichischer Wettanbieter, d.h. insbesondere von Bwin, mit bundesdeutschen Verbrauchern bei 750 Mio. Euro liegen, wie oben dargestellt.

Der Umsatz bei Fußballtoto ist von 168 Mio. Euro im Jahr 1992 auf 93 Mio. Euro im Jahr 2004 zurückgegangen. Das Rennquintett hatte 1992 nur einen

---

[33] Vgl. Bornecke (2006), S. 8ff.
[34] Vgl. Albers (1993), S. 135
[35] Vgl. Albers (1993), S. 201

Umsatz von 3 Mio., (1974 waren es noch 30 Mio. Euro) und ist mittlerweile eingestellt worden.[36] Der Umsatz bei ODDSET betrug 2002 noch 541 Mio. Euro[37] und ist auf 342 Mio. Euro im Jahr 2006 gesunken (siehe oben). Die privaten Anbieter dürften für diesen Rückgang verantwortlich sein. Insgesamt dürfte der Markt für Fußballwetten deutlich gewachsen sein. Der Umsatz bei Pferdewetten ist von 227 Mio. Euro (445 Mio. DM) im Jahr 1992 auf 147 Mio. Euro in 2004 gesunken.[38] Auf dem Markt für Sportwetten sind erhebliche Marktanteilsverschiebungen zu beobachten, die auf eine große Dynamik hinweisen.

"Offensichtlich scheint besonders für Wetten auf einzelne Fußballereignisse ein Nachfragebedürfnis zu bestehen, das ausschließlich durch Toto-Lotterien bundesdeutschen Zuschnitts ...nicht gedeckt werden kann."[39]

Neben dem staatlichen Anbieter ODDSET sind vier private Anbieter mit einer sogenannten DDR-Lizenz sowie eine Reihe ausländischer Anbieter tätig. Betandwin, welches sich mit dem 1. August 2006 in Bwin umbenannt hat, dürfte mit Abstand der bedeutendste private Anbieter auf dem deutschen Markt sein. Daneben berufen sich noch Sportwetten Gera, Interwetten und Digibet auf eine DDR-Lizenz. Sportwetten Gera ist eine GmbH und ist eng verbunden mit NetX Betting Limited mit Sitz in Malta. Interwetten ist ebenfalls als Kapitalgesellschaft organisiert und firmiert als Interwetten Limited mit Sitz in Malta. Digibet hat den Firmensitz in Gibraltar und firmiert als Digibet Limited.

Die zehn wichtigsten Sportwettenanbieter weltweit (gewichtet nach den Zugriffsdaten auf die jeweiligen Webseiten) sind: Sportingbet (Antigua und Barbuda), William Hill Online Sports Betting (Alderney), Expekt (Malta), Sportsbook.com (Costa Rica), Eurobet (Gibraltar), Pinnacle Sports (Niederländische Antillen), Pari Match (Kalmykia), Bet At Home (Malta), Bet365 (Vereinigtes Königreich) und Unibet (Antigua und Barbuda).[40] Auf dem deutschen Markt dürften die folgenden internationalen Anbieter eine große Bedeutung haben, die alle auch eine Webseite in Deutsch anbieten: Sportingbet (Antigua und Barbuda mit Lizenz für das Vereinigte Königreich), Bet365 (Vereinigtes Königreich), Unibet (Malta mit Lizenz für das Vereinigte Königreich), Interwetten (Malta), Expect (Malta), Mybet (Personal Exchange International Limited, Malta), Betfair (The Sporting Exchange Limited, Vereinigtes Königreich), Betway (Carmen Media Group Limited, Gibraltar), Gamebookers (TransGlobal Media Limited, Gibraltar) und Paddypower (Irische Aktiengesellschaft).[41]

---

[36] Vgl. Meyer (2006), S. 114ff.
[37] Vgl. ebd.
[38] Vgl. ebd.
[39] Albers (1993), S. 224
[40] Vgl. hierzu die Angaben auf http://www.igamingnews.com
[41] Vgl. hierzu die Angaben auf http://www.wettbasis.com/wettbuero.html

Abb. 5: Der Markt für Fußballwetten

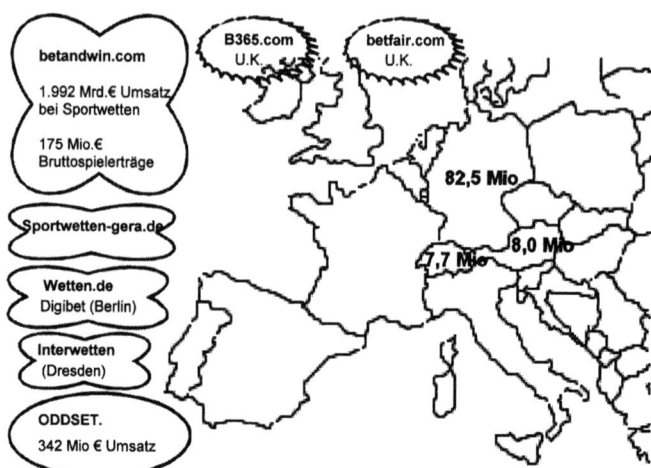

Quelle: Eigene Darstellung

6 Staatliche Einnahmen und deren Verwendung

Bereits mit der Einführung der Lotterien in Deutschland stand der fiskalische Aspekt im Vordergrund. Das erste Zahlenlotto im deutschsprachigen Raum wurde 1735 von Kurfürst Karl Albrecht von Bayern mit der Absicht eingeführt, die Staatskasse zu füllen.[42] Seitdem hat das Glücksspiel eine erhebliche Bedeutung für den Staat auf Grund der Einnahmen, die damit verbunden sind. Dabei unterliegen die verschiedenen Formen des Glücksspiels unterschiedlichen Regelungen.

Im Bereich der Spielbanken, d.h. für die Casinospiele und Glücksspielautomaten in Casinos, fällt die Spielbankabgabe an. Die Spielbankabgabe wird als Prozentsatz vom Bruttospielertrag erhoben. Da das Glücksspiel, mit der Ausnahme der Geldspielautomaten und der Gewinnspiele, dem Ordnungsrecht der Länder unterliegt, regeln die einzelnen Bundesländer in ihren Spielbankgesetzen die Höhe und Verwendung der Spielbankabgabe. Die Höhe des Abgabensatzes ist in den einzelnen Bundesländern unterschiedlich. In Bremen, Hessen, Nordrhein-Westfalen und Schleswig Holstein betrug 2004 die Spielbankabgabe 80% des Bruttospielertrages und in Hamburg 70% zuzüglich einer Sonderabgabe in

---

[42] Vgl. Näther (2007), Zur Geschichte des Glücksspiels http://www.uni-hohenheim.de/gluecksspiel/forschung/u_naether.htm

Höhe von 20% des Bruttospielertrages. In anderen Spielbankgesetzen ist der Abgabensatz gestaffelt nach der Höhe des Bruttospielertrages und liegt zwischen 50% und 85%.[43] Neben den Spielbankabgaben sind in den meisten Bundesländern zusätzliche Abgaben vorgesehen. Diese sollen die Abgabenlast ab bestimmten Bruttospielerträgen auf mindestens 80% anheben. Hamburg erhebt Zusatzabgaben unabhängig von der Höhe des Bruttospielertrages. Kreutz sieht den Hintergrund dieser Konstruktion in der Tatsache begründet, dass die Einnahmen aus der Spielbankabgabe im Länder-Finanzausgleich berücksichtigt werden, während dies nicht für Einnahmen aus anderen Abgaben gilt.[44] Die Spielbankabgabe wird insbesondere für soziale und kulturelle Zwecke verwendet. Die Gemeinden, in denen die jeweilige Spielbank ihren Sitz hat, erhalten in allen Bundesländern einen Teil des Aufkommens aus der Spielbankabgabe in der Höhe von 10%-25%.[45]

Bisher waren die Spielbanken von jeglicher Steuer befreit, da die Spielbankenabgabe zur Abgeltung mehrerer Steuerarten anfällt.[46] Nach einer Entscheidung des Europäischen Gerichtshofs ist die Umsatzbesteuerung von Geldspielautomaten mit Gewinnmöglichkeit unzulässig, wenn gleichartige Umsätze in Spielbanken umsatzsteuerfrei sind. Der Europäische Gerichtshof erkennt eine Verletzung des umsatzsteuerlichen Neutralitätsgrundsatzes. Hierauf reagierte der Gesetzgeber mit dem Gesetz „Zur Eindämmung missbräuchlicher Steuergestaltungen" vom 28. April 2006. Das Gesetz enthält in Artikel 2 die „Änderung des Umsatzsteuergesetzes", die eine steuerliche Gleichstellung des gewerblichen Geldspiels mit den öffentlichen Spielbanken zur Folge hat. Ab 6. Mai 2006 gilt somit die Wiedereinführung der Umsatzsteuer für die Glücksspielgeräte in Spielbanken als vollzogen. Nun kommt die Umsatzsteuer ab dem 06.05.2006 zu der Spielbankabgabe hinzu.

Die Besteuerung von Pferdewetten und Lotterien erfolgt nach dem Rennwett- und Lotteriegesetz. Der Rennwettsteuer unterliegen Wetten, die aus Anlass öffentlicher Pferderennen abgeschlossen werden. Die Rennwettsteuer beträgt 16 2/3 Prozent der gewetteten Beträge. Die Rennwettsteuer fließt bis zu der Höhe von 96% an die Rennvereine zurück und kommt in erster Linie der Pferdezucht zu Gute.[47]

Die Lotteriesteuer beträgt 16 2/3 % des Verkaufspreises und fließt in voller Höhe den jeweiligen Landeshaushalten zu. Steuerobjekt der Lotteriesteuer sind die

---

[43] Vgl. hierzu im Detail Kreutz (2005), S. 91 und Bareis und Kahle (2007), in diesem Band, S. 36ff.
[44] Vgl. Kreutz (2005), S. 91
[45] Vgl. Kreutz (2005), S. 96
[46] Vgl. Bareis und Kahle (2007) in diesem Band, S. 36ff.
[47] Vgl. Bareis und Kahle (2007) in diesem Band, S. 36ff.

Lotterien und ODDSET-Wetten.[48] Darüber hinaus werden von den Lotterieveranstaltern Konzessionsabgaben erhoben bzw. der Gewinn ist abzuliefern. Die Konzessionsabgabe fällt für Unternehmen mit eigener Rechtspersönlichkeit an, die auf eigene Rechnung wirtschaften. Fast alle Lottogesellschaften sind jedoch staatliche Unternehmen, welche die Gewinne abliefern. Die Mittelverwendung ist in den einzelnen Bundesländern unterschiedlich geregelt. Die Gewinnablieferungen und sonstigen Abgaben der Lotterieveranstalter werden größtenteils zweckgebunden verwendet und an soziale, kulturelle und sportliche Einrichtungen weitergegeben. Im Jahr 2003 betrugen die Steuereinnahmen, die nicht zweckgebunden den Haushalten der Länder zuflossen etwa 2 Mrd. Euro.[49]

Die staatlich angebotenen Sportwetten, d.h. ODDSET, unterliegen der Lotteriesteuer. Dies gilt jedoch nicht für Sportwetten, die von ausländischen Anbietern angeboten werden. Diese unterliegen nicht dem Rennwett- und Lotteriesteuergesetz.

Die Einnahmen der Bundesländer aus der Spielbankabgabe, der Rennwett- und Lotteriesteuer sowie den Gewinnabführungen betrugen im Jahr 2001 noch 4,597 Mrd. Euro[50] und sind für 2005 auf 4,430 Mrd. Euro gesunken[51].

---

[48] Vgl. ebd.
[49] Vgl. Kreutz (2005), Verwaltungsrecht, S. 130
[50] Vgl. Meyer, in: Jahrbuch Sucht 2006, S. 114ff.
[51] Vgl. Institut der Deutschen Wirtschaft Köln (2006), in: Wirtschaft und Unterricht (Sonderbeilage IWD), S. 18

Abb. 6: Einnahmen aus Glücksspiel 2005

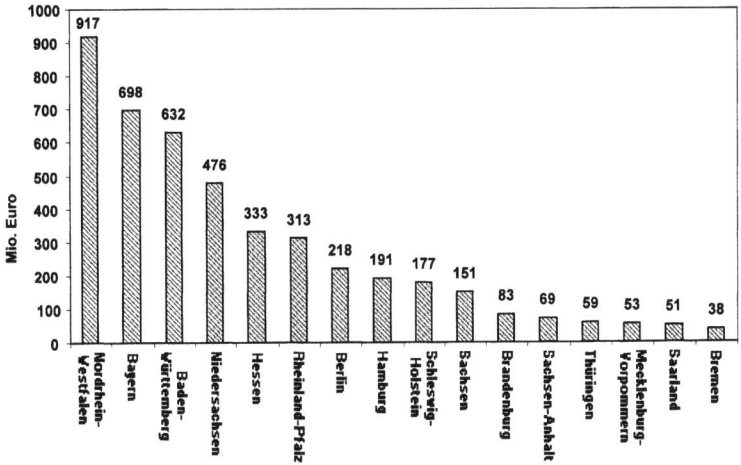

Quelle: Institut der deutschen Wirtschaft (2006)

Die Einsätze der Geldspielautomaten unterliegen der Umsatzsteuer. In Spielhallen und Gaststätten betrug 2004 der Umsatz der Geldspielautomaten mit Gewinnmöglichkeit 5,8 Mrd. Euro.[52] Bei einer Umsatzsteuer von 16% ergeben sich heraus Einnahmen des Bundes in Höhe von 928 Mio. Euro. Darüber hinaus unterliegen Geldspielautomaten der Vergnügungssteuer. Diese Steuer ist eine Gemeindesteuer und die Einnahmen hieraus kommen den Kommunen zu Gute. Die einzelnen Kommunen wenden hier in der Regel eines der folgenden drei Steuermodelle an.[53] In der Regel wird eine Abgabe pro Geldspielautomat erhoben, wobei sich diese Abgabe oft je nach Aufstellungsort, Gaststätte oder Spielhalle, unterscheidet. Oft beträgt diese Abgabe pro Geldspielgerät für Spielhallen das Doppelte bis Dreifache der Abgabe für Geräte, die in der Gastronomie aufgestellt sind. Im Durchschnitt dürfte diese Abgabe für Spielhallen im Durchschnitt in der Größenordnung von 200 Euro pro Monat und Geldspielgerät liegen. Ein zweites Abgabenmodell ist die prozentuale Besteuerung des Kasseninhalts. Dieser Prozentsatz liegt in der Größenordnung von 10%, wobei in der Regel ein einheitlicher Steuersatz für Spielhallen und Gastronomiebetriebe gilt. Ein drittes Steuermodell ist die Besteuerung des Einsatzes bzw. Umsatzes. Dieser Steuersatz liegt in der Regel in der Höhe von 5-10%, wobei manchmal Gastronomiebetriebe nur den halben Steuersatz der Spielhallen bezahlen. Es gibt

---

[52] Vgl. Meyer (2006), S. 114ff.
[53] Trümper und Heimann (2006) geben einen Überblick über alle Gemeinden mit mehr als 10.000 Einwohnern in Deutschland.

Gemeinden, die keine Vergnügungssteuer erheben und solche, die mehrere der Steuermodelle gleichzeitig anwenden. Nach Berechnungen von Trümper und Heimann liegen die Einnahmen der erfassten Kommunen aus der Vergnügungssteuer im Jahr 2006 bei 177 Mio. Euro.[54] Da nur die Kommunen mit mehr als 10 000 Einwohner erfasst wurden, dürfte das gesamte Vergnügungssteueraufkommen bei knapp 200 Mio. Euro liegen. Darüber hinaus haben die Aufsteller von Geldspielgeräten noch die normalen Unternehmenssteuern zu entrichten.

7 Anzahl und Ausgaben der Spieler in den verschiedenen Glücksspielformen

Über die Anzahl der jeweiligen Spieler an den unterschiedlichen Formen des Glücksspiels liegen unterschiedliche Angaben vor.

Im Auftrag des Bremer Instituts für Drogenforschung und gefördert durch den Verband der Lottovermittler führte das Meinungsforschungsinstitut TNS Infratest Sozialforschung GmbH im Zeitraum vom 17. November bis 5. Dezember eine Befragung von insgesamt 8000 in Deutschland lebenden Personen zu ihrem Glücksspielverhalten durch.[55] Die Befragung wurde zur Hälfte per Telefon und zur Hälfte als Online-Befragung durchgeführt. Die Ergebnisse sollen für die 18- bis 65-jährige Bevölkerung repräsentativ sein. Nahezu 40% der befragten Personen nahmen im Lauf der zurückliegenden 12 Monate an einem Glücksspiel teil. Die Mehrzahl der Spieler hat sich während dieses Zeitraums an mehreren Spielarten beteiligt. Am häufigsten wurde an dem Zahlenlotto teilgenommen (33%), es folgen Rubbellose (12%), Glücksspirale (6%), Klassenlotterien (5%), Sportwetten (4%), Spielautomaten (3%) und Casinospiele (3%). In einer Befragung von TNS Emnid bei 1300 Personen im Alter ab 14 Jahren im Auftrag der Agentur Mediaedgecia Ende 2006 haben 43% der Bundesbürger in den vergangenen zwölf Monaten Lotto (6 aus 49) gespielt.[56]

---

[54] Vgl. Trümper, Heimann (2006), S. 40
[55] Vgl. Stöver (2006), http://www.gluecksspielsucht.de/materialien/untersuchungen_glinde_BISDRO.pdf
[56] Vgl. hierzu den Beitrag mit dem Titel "Kunden lockt das Glück" in Lebensmittelzeitung Nr. 47 vom 25.11.2006, S. 45.

Abb. 7: Teilnahme an Glücksspielen nach TNS Infratest

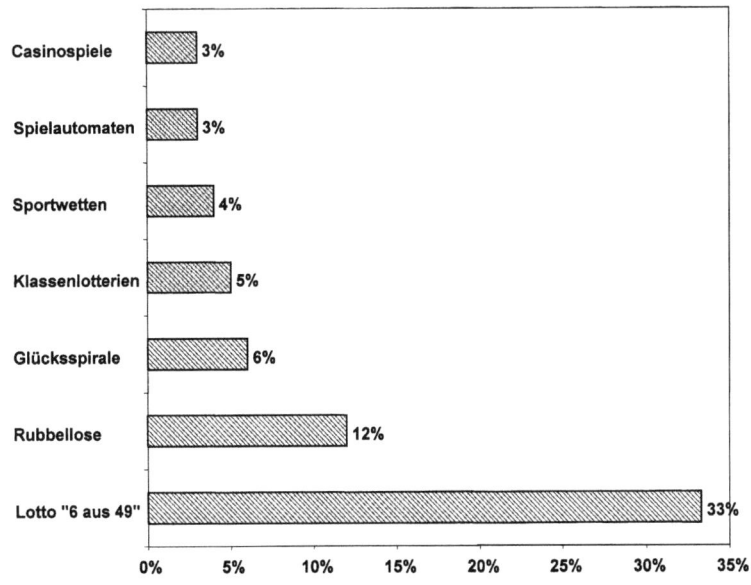

Quelle: Stöver (2006).

Zu etwas anderen Zahlen kommt Goldmedia im Auftrag von PAF (Ålands Penningautomatförening).[57] Hier wurde nicht danach gefragt, ob und wenn ja an welchen Formen des Glücksspiels in den vergangenen zwölf Monaten teilgenommen wurde, sondern ob mindestens einmal monatlich, weniger als einmal monatlich oder überhaupt nicht eine bestimmte Form des Glücksspiels gespielt wurde. Es wurde ein Online-Panel des Instituts mit 3000 Teilnehmern befragt. Auch hier soll das Online-Panel für die Gesamtbevölkerung repräsentativ sein. Die Befragung wurde im August und September 2005 durchgeführt. Lotto wird hier von 60% aller Befragten gespielt, wobei 33,6% der Befragten mindestens einmal im Monat Lotto und 17,9% weniger als einmal im Monat spielen. Nur 38,5% der Befragten spielen überhaupt nicht Lotto. An Wetten nehmen mindestens einmal im Monat 9,2% und weniger als einmal im Monat 13,8% der Befragten teil. Automatenspiele werden von 3,8% der Befragten mindestens einmal im Monat gespielt und von 14,6% weniger als einmal im Monat. Kartenspiele spielen 6,7% der Befragten mindestens einmal im Monat und 13,2% weniger als einmal im Monat. Wenn hier zwischen Blackjack und Poker unterschieden wird, so zeigt sich, dass 2,5% (3,9%) der Befragten mindestens einmal im Monat und 7,1% (7,0%) weniger als einmal im Monat Blackjack (Poker)

---

[57] Vgl. Goldmedia (2006)

spielen. Casinospiele werden von 3,3% der Befragten mindestens einmal im Monat gespielt und von 14,4% der Befragten weniger als einmal im Monat.

Abb. 8: Teilnahme an Glücksspielen nach Goldmedia

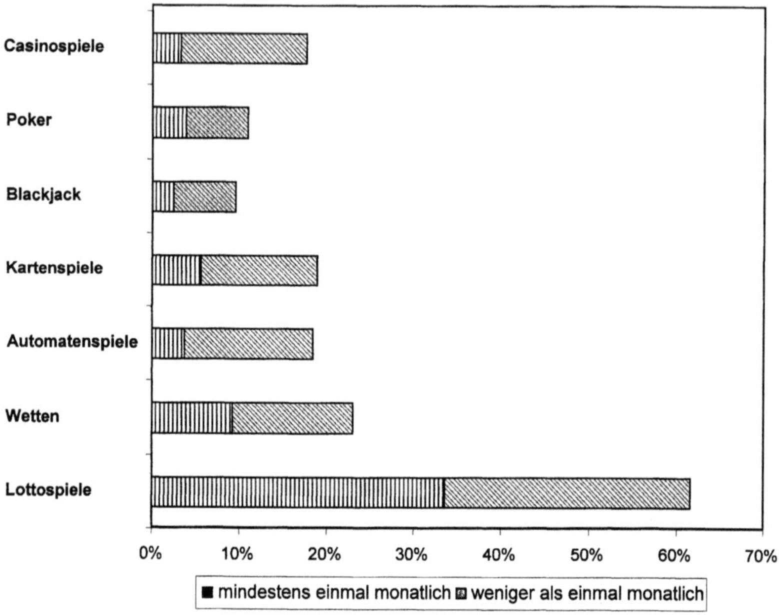

[Balkendiagramm: Casinospiele, Poker, Blackjack, Kartenspiele, Automatenspiele, Wetten, Lottospiele – mindestens einmal monatlich / weniger als einmal monatlich]

Quelle: Goldmedia (2006).

Die Ergebnisse der beiden Untersuchungen lassen sich folgendermaßen zusammenfassen. An Lotterien (Lotto, Glücksspirale, Klassenlotterien, Rubbellosen) dürften 40% bis 50%, an Automatenspielen in Gaststätten, Spielhallen und Casinos 4% bis 7%, an Casinospielen 3% bis 6% und an Sportwetten 4% bis 10% der Bevölkerung über 18 Jahren mehr oder weniger regelmäßig teilnehmen.

In einer Befragung von TNS Emnid bei 1300 Personen im Alter ab 14 Jahren im Auftrag der Agentur Mediaedgecia Ende 2006 haben 40% der Befragten zumindest gelegentlich an kostenlosen Gewinnspielen teilgenommen.[58] Der Favorit hierbei sind Gewinnspiele aus Zeitungen und Zeitschriften mit 56%, gefolgt von Verlosungen im Einzelhandel mit 48% und Preisausschreiben in Anzeigen-

---

[58] Vgl. hierzu den Beitrag mit dem Titel "Kunden lockt das Glück" in Lebensmittelzeitung Nr. 47 vom 25.11.2006, S. 45.

blättern mit 35%. Zu einem ähnlichen Ergebnis kommt IMAS International in einer Befragung von 2030 Personen ab 16 Jahren im Zeitraum 23.05.2006 bis 02.06.2006.[59] Nach dieser Befragung nehmen 36% ab und zu und 4% regelmäßig an Gewinnspielen in Zeitungen und Zeitschriften oder den dort beigelegten Prospekten teil. An telefonischen Gewinnspielen im Radio nehmen 10% ab und zu und 1% regelmäßig teil. An telefonischen Gewinnspielen im Fernsehen nehmen 12% ab und zu und 1% regelmäßig teil. Die Teilnahmen an Online/Internet-Gewinnspielen ist mit 8% ab und zu und weniger als 1% regelmäßiger Teilnahme vergleichsweise noch gering.

Abb. 9: Anzahl der Spieler und durchschnittliche Ausgaben je Spieler

Marktsegment	Anzahl der Spieler	Umsätze in Euro	Ausgaben je Spieler in Euro
Lotterien	27-34 Mio.	13,98 Mrd.	458,36
Automatenspiel	3-5 Mio.	9,78 Mrd.	2445,00
Casinospiele	2-4 Mio.	5,84 Mrd.	1946,67
Gewinnspiele	25-40 Mio.		
Gewinnspiele im Fernsehen	8-10 Mio.	0,15 Mrd.	16,67
Sportwetten	3-7 Mio.	1,83 Mrd.	366,00
Insgesamt	40-45 Mio.	31,58 Mrd.	743,06

Quelle: Eigene Schätzungen

Bei einer Bevölkerungsanzahl von 67,5 Mio. Bürgern über 18 Jahren ergeben sich damit die folgenden Zahlen für die Teilnahme. Zwischen 27 und 34 Mio. deutsche Bürger dürften zumindest gelegentlich an Lotterien teilnehmen.[60] Am Automatenspiel in Spielhallen, Gaststätten und Casinos dürften etwa 3 bis 5 Mio. Bürger zumindest gelegentlich teilnehmen. An Casinospielen, d.h. Roulette und Kartenspielen um Geld, dürften 2 bis 4 Mio. Bürger zumindest gelegentlich teilnehmen. Bei Gewinnspielen liegt die Teilnahme in der Größenordnung

---

[59] Vgl. hierzu den Bericht mit dem Titel "Verbraucher wollen staatliche Aufsicht" in Horizont 32/2006 vom 10. August 2006.
[60] In einer Pressemitteilung des Deutschen Lotto- und Totoblocks vom 11. August 2005 mit dem Titel: "Lotto informiert: 56 Lottomillionäre in der ersten Jahreshälfte" wird auf eine Untersuchung der GfK hingewiesen, nach der rund 24 Mio. erwachsene Deutsche mindestens einmal im Jahr an einem Gewinnspiel des Deutschen Lotto- und Totoblicks teilnehmen. Die Studie selber wurde dem Verfasser leider nicht zur Verfügung gestellt.

der Teilnahme bei Lotterien. Etwa 25 bis 40 Mio. der erwachsenen Bürger dürften zumindest gelegentlich an Gewinnspielen teilnehmen, wobei sich die Teilnahme hier nicht nur auf die über 18-jährigen beschränkt. An Gewinnspielen im Fernsehen nehmen etwa 8 bis 10 Mio. Bürger zumindest gelegentlich teil. An Sportwetten dürften 3 bis 7 Mio. Bürger zumindest gelegentlich teilnehmen.[61] Insgesamt dürften 40 bis 45 Mio. Bürger mehr oder weniger regelmäßig an Glücksspielen teilnehmen.

Aus der Anzahl der Spieler und den jeweiligen Umsätzen lassen sich die durchschnittlichen Ausgaben je Spieler errechnen. Wenn jeweils der Mittelwert der Anzahl der geschätzten Spieler zu Grunde gelegt wird, ergeben sich für die Lotterien jährliche Ausgaben je Spieler in der Höhe von 458 Euro. Im Automatenspiel ergeben sich die höchsten durchschnittlichen Ausgaben je Spieler mit 2445 Euro pro Jahr. Im Casinospiel sind dies immerhin noch 1947 Euro pro Jahr. Bei den Gewinnspielen fallen in der Regel nur die Kosten für das Briefporto an, wenn die Spielteilnahme per Postkarte erfolgt. Bei den Gewinnspielen im Fernsehen betragen die durchschnittlichen Aufwendungen je Spieler 16,67 Euro im Jahr. Sportwetten liegen mit durchschnittlichen Ausgaben je Spieler von 366 Euro ebenfalls am unteren Ende. Insgesamt gibt jeder Spieler im Durchschnitt 743 Euro pro Jahr für das Glücksspiel aus. Bei diesen Werten ist zu berücksichtigen, dass es sich um Durchschnittswerte handelt, die für einzelne Spieler sehr weit von diesem Durchschnittswert abweichen können.

---

[61] Die Lebensmittelzeitung (Nr. 47 vom 25.11.2005, S. 45) berichtet von einer Studie des Kölner Instituts Sport und Markt, nach der 5 bis 7 Mio. Bundesbürger aktive Wetter seien.

Literatur

ALBERS, N. (1993): Ökonomie des Glücksspielmarktes in der Bundesrepublik Deutschland. Berlin : Duncker & Humblot

BAREIS, P., KAHLE, H. (2007), Besteuerung von Glücksspielen, in diesem Band, S. 37-60

BORNECKE, J. (2006): Glücks- und Gewinnspiele in Deutschland, In: Taschenbuch der Unterhaltungsautomatenwirtschaft 2006/2007, 20. Jhg., S. 8-28, Mainz : Edit Line Verlags- und Produktions GmbH

BWIN (2006): Annual Report for 2006. http://www.bwin.ag/media/pdf/ berichte/bwin_GB06_en.pdf

COOK, P., CLOTFELDER, C. (1993): The Preculiar Scale Economies of Lotto. In: The American Economic Review, June 1993, S. 634-643.

DEUTSCHER BUCHMACHER VERBAND e.V. (2006), Marktanteile in Deutschland 2005 http://buchmacherverband.de

GOLDMEDIA (2006): Nutzungssituation bei Glücksspielen in Deutschland. Studie der Goldmedia im Auftrag von PAF.

HECKER, M., RUTTIG, M. (2005): Versuchen Sie es noch einmal. In: Gewerblicher Rechtsschutz und Urheberrecht, Heft Nr. 5, S. 393-398

INSTITUT DER DEUTSCHEN WIRTSCHAFT KÖLN (Hrsg.): Gnadenfrist für Zocker Staat. In: Wirtschaft und Unterricht (Sonderbeilage IWD), 4. Mai.2006, Nr. 8, S. 18, Köln : Deutscher Instituts-Verlag GmbH

KREUTZ, D. (2005): Verwaltungsrecht. München : Martin Meidenbauer Verlag

MEDIA & ENTERTAINMENT CONSULTING NETWORK (2005): Der deutsche Wettmarkt im Umbruch. München

MEYER, G. (2006): Glücksspiel - Zahlen und Fakten. In: Deutsche Hauptstelle für Suchfragen e.V. (Hrsg.): Jahrbuch Sucht 2006, S. 114-128. Geesthacht: Neuland 2006.

NÄTHER, U. (2007): Zur Geschichte des Glücksspiels http://www.uni-hohenheim.de/gluecksspiel/forschung/u_naether.htm

O.V.: Kunden lockt das Glück. In: Lebensmittelzeitung, 25.11.2006, Nr. 47, S. 45, Frankfurt a.M. : Deutscher Fachverlag GmbH

PROSIEBENSAT1 MEDIA AG (2006): Geschäftsbericht.
http://www.prosiebensat1.com/imperia/md/content/investor_relations/2007/GB 2007/Geschaeftsbericht_ohneBilder.pdf

STIFTUNG WARENTEST (Hrsg.): Wo die Chance am größten ist. In: Stiftung Warentest, 7/94, S. 70-75, Berlin

STÖVER, H. (2006): Glücksspiele in Deutschland - Eine repräsentative Untersuchung zur Teilhabe und Problemlage des Spielens um Geld.
http://www.gluecksspielsucht.de/materialien/untersuchungen_glinde_BISDRO.pdf

TOLKEMITT, T. (2002): Die deutsche Glücksspielindustrie: eine wirtschaftswissenschaftliche Analyse mit rechtspolitischen Schlussfolgerungen. Frankfurt am Main, u.a.: Lang

TRÜMPER, J., HEIMANN, C. (2006): Angebotsstruktur der Spielhallen und Unterhaltungsautomaten mit Geldgewinnmöglichkeit in der Bundesrepublik Deutschland. Unna

ZERMELO, E. (1913): Über eine Anwendung der Mengenlehre auf die Theorie des Schachspiels. Proceedings Fifth International Congress of Mathematicians 2, S. 501-505

Einige finanzwissenschaftliche Aspekte des Glücksspiels

Rolf Caesar [1]

1 Einführung

Im Gegensatz zum angelsächsischen Schrifttum haben Probleme des Glücksspiels in der deutschsprachigen finanzwissenschaftlichen Literatur kaum Beachtung gefunden. Soweit überhaupt einschlägige Arbeiten vorliegen,[2] sind sie älteren Datums. Zudem befassen sie sich primär mit der historischen Entwicklung, der fiskalischen Bedeutung sowie der möglichen Rechtfertigung einer Besteuerung des Glücksspiels. Im Folgenden werden einige Aspekte des Glücksspiels aus finanzwissenschaftlicher Sicht diskutiert, wobei ein besonderes Augenmerk auf die Verhältnisse in Baden-Württemberg gelegt wird. Zunächst wird gezeigt, dass das Glücksspiel als Einnahmequelle für die öffentlichen Haushalte auf Länderebene keineswegs eine völlig untergeordnete Rolle spielt (2). Sodann wird die mit der Verwendung von Glücksspielerträgen vielfach verknüpfte Zweckbindung diskutiert (3). Schließlich wird aus aktuellem Anlass geprüft, welche Wirkungen ein möglicher Ersatz der Glücksspielbesteuerung durch eine allgemeine Umsatzbesteuerung von Glücksspielen hätte (4).

Schlüsselworte:

Besteuerung, Glücksspielbesteuerung, Glücksspielerträge, Lotteriesteuer, Non-Affektation, Öffentliche Haushalte, Rennwettsteuer, Spielbankabgabe, Sportförderung, Wettmittelfond, Zweckbindung

2 Glücksspiel als öffentliche Einnahmequelle

Den fiskalischen Einnahmen aus Glücksspielen kommt in Deutschland keine unbedeutende Rolle zu. Zum einen fließen den Ländern die Erträge aus zwei Steuern auf spezielle Güter zu, nämlich aus der Rennwett- und Lotteriesteuer sowie aus der Spielbankabgabe. Zum anderen führen die Unternehmen, die im

---

[1] Rolf Caesar, ist Inhaber des Lehrstuhls für Finanzwissenschaft an der Universität Hohenheim

[2] Siehe etwa G. Schmölders: Das Verbrauch- und Aufwandsteuersystem, in: Handbuch der Finanzwissenschaft, 2. Aufl., Bd. II, Tübingen 1956, S. 701 ff., sowie K.-H. Hansmeyer mit R. Caesar/D. Koths/A. Siedenberg: Steuern auf spezielle Güter: in: Handbuch der Finanzwissenschaft, 3. Aufl., Bd. II, Tübingen 1980, S. 863 ff.

Namen und für Rechnung des Staates als Veranstalter von Glücksspielen tätig werden und dafür entsprechende Lizenzen von den jeweiligen Bundesländern erwerben, zusätzlich den größten Teil Ihrer Reinerträge an die Länder ab.[3]

Die Rennwett- und Lotteriesteuer erbrachte im Jahr 2003 ein Aufkommen von rd. 1,9 Mrd. Euro[4], die Spielbankabgabe ein Aufkommen von knapp 590 Mio. Euro[5]. Die Lotteriesteuer fließt in die Landeshaushalte und kann für alle Landesaufgaben verwendet werden; die Rennwettsteuer (sog. „Totalisatorsteuer") mit einem Gesamtaufkommen von ca. 40 Mio. Euro/Jahr kommt größtenteils (bis zu 96 v.H.) dem Pferderennsport zugute.[6] Die Spielbanken entrichten an die jeweiligen Bundesländer eine Abgabe in Höhe eines – in den einzelnen Bundesländern unterschiedlichen – Prozentsatzes der nach der Gewinnauszahlung verbleibenden Einnahmen; einen Teil davon (zwischen 10 und 25 v.H.) erhalten die Haushalte der Spielbankgemeinden.[7]

Unter den zweckgebundenen Erträgen sind vor allem die Einnahmen der in öffentlichem Eigentum stehenden Lottogesellschaften von Bedeutung. Aus dieser Quelle flossen 2003 knapp 3 Mrd. Euro an private Empfänger bzw. Empfängergruppen.[8] Die Grobaufteilung dieser zweckgebundenen Mittel auf verschiedene Kategorien von Begünstigten (Sport, Kultur, Soziales) ist zwar durch Richtlinien der Länder festgelegt, unterliegt aber im Einzelnen keiner parlamentarischen Kontrolle. Die Zweckbindungen widersprechen dem Haushaltsgrundsatz der Non-Affektation und werfen damit spezifische Rechtfertigungsprobleme auf (s.u. 3.). Aus finanzwissenschaftlicher Sicht stellen die zweckgebundenen Mittel in den Landeshaushalten zwar nur ‚durchlaufende Posten' dar, da die Entscheidungen über ihre Verwendung bereits im Vorfeld getroffen worden ist und die betreffenden Beträge somit im betreffenden Haushaltsjahr nicht mehr für anderweitige Ausgabenbereiche verfügbar sind. Es kann allerdings eine Substitutionsbeziehung zwischen zweckgebundenen Mitteln und allgemeinen Landesmitteln insofern unterstellt werden, als die zweckgebundenen Mittel eine

---

[3] Die zum Deutschen Toto- und Lotto-Block gehörenden Toto-Lotto-Gesellschaften sind wirtschaftliche Unternehmen der jeweiligen Bundesländer; deshalb stehen die Reinerträge, soweit sie nicht zweckgebunden für bestimmte Aufgaben verwendet werden, grundsätzlich dem betreffenden Bundesland zu. Daneben existieren u.a. die Fernsehlotterien (ARD, ZDF), die als Anstalten des öffentlichen Rechts mehrerer Bundesländer zugleich - unter Beteiligung verschiedener gemeinnütziger Stiftungen bzw. Vereine - organisiert sind. Siehe dazu im Einzelnen D. Kreutz: Staatliche Kontrolle und Beteiligung am Glücksspiel, München 2005, S. 124.

[4] Bundesministerium der Finanzen: Finanzbericht 2005, Berlin 2004, S. 284.

[5] Bundesministerium der Finanzen: Steuern von A bis Z, Ausgabe 2005, S. 94.

[6] Rennwett- und Lotteriegesetz (RennwLottG) vom 08.04.1922 (RGBl. I, S. 335, S. 393), § 16.

[7] Vgl. im einzelnen Kreutz, a.a.O., S. 91 ff.

[8] Ebenda, S. 198.

indirekte Entlastung der Landeshaushalte in Bezug auf die Förderung der jeweiligen als „gemeinnützig" geltenden Zwecke bedeuten. Es erscheint daher sinnvoll, bei der Betrachtung der fiskalischen Relevanz der staatlichen Einnahmen aus dem Glücksspiel auch die zweckgebundenen Mittel einzubeziehen.

Insgesamt dürfte sich die Summe der in die allgemeinen Haushalte der Länder fließenden und der zweckgebundenen Einnahmen aus dem staatlichen Glücksspielmonopol auf rd. 5 Mrd. Euro im Jahr 2003 belaufen haben. Bei einem Gesamtvolumen der Länderhaushalte von ca. 260 Mrd. Euro bedeutet dies immerhin einen Finanzierungsbeitrag von gut 2 Prozent der Länderausgaben bzw. knapp 3 v.H. der Steuereinnahmen der Länder. Die öffentlichen Einnahmen aus dem Glücksspiel entsprechen damit etwa dem Aufkommen aus der Grunderwerbsteuer (2003: 4,8 Mrd. Euro).

Die Verwendung der Reinerträge der lizenzierten Glücksspielunternehmen ist in den einzelnen Bundesländern unterschiedlich geregelt. Während einige Bundesländer die Gewinnablieferungen überwiegend (z.B. Bayern) in ihre allgemeinen Haushalte einstellen,[9] haben andere Bundesländer einen höheren zweckgebundenen Anteil vorgesehen. So werden z.B. in Berlin die gesamten Reinerträge in eine Stiftung eingebracht; über die Verwendung der Mittel entscheidet das zuständige Stiftungsgremium, das freilich von Politikern dominiert wird. In anderen Bundesländern werden demgegenüber mehr als 50 v.H. für gemeinnützige Ziele verausgabt.

Letzteres gilt auch für Baden-Württemberg. Dort bestimmen die – in der Vergangenheit mehrfach neu gefassten – Richtlinien über die Verwendung des Reinertrags aus dem Toto und Lotto seit 1993, dass der größere Teil der Reinerträge aus den Glücksspielen der Staatlichen Toto-Lotto GmbH einem „Wettmittelfonds" zugeführt wird. Dieser Fonds dient der Förderung von Sport, Kunst und Kultur, Denkmalpflege und sozialen Maßnahmen. Im Einzelnen ist die Zweckbindung des Fonds seit 1993 wie folgt geregelt:[10] 44 v.H. fließen in die Sportförderung (davon bis zu 8 Prozentpunkte in den kommunalen Sportstättenbau); 45 v.H. sind für kulturelle Zwecke vorgesehen (25 v.H. für Kunst und Kulturförderung, 20 v.H. für Denkmalpflege) und 11 v.H. für soziale Zwecke. Das Volumen des Wettmittelfonds belief sich in den Jahren 2005 und 2006 auf

---

[9] Gemäß dem seit 01.07.2004 geltenden Staatsvertrag zum Lotteriewesen in Deutschland sind mindestens 30 v.H. des Spielkapitals für gemeinnützige Zwecke auszuschütten (Kreuz, a.a.O., S. 192).

[10] Staatliche Toto-Lotto GmbH Baden-Württemberg (Hrsg.): 50 Jahre Toto-Lotto Baden-Württemberg, Stuttgart 1998, S. 134. Vgl. aktuell auch die Übersicht über die Verwendung des Wettmittelfonds, in: Finanzministerium Baden Württemberg: Staatshaushaltsplan für 2005/06, Vorheft, S. 171 f.

jeweils 128,4 Mio. Euro. Die nicht zweckgebundenen Mehrerträge der Staatlichen

Toto-Lotto GmbH Baden-Württemberg waren für 2005 auf 126,0 Mio. Euro bzw. für 2006 auf 131,0 Mio. Euro veranschlagt.[11] Werden zusätzlich die im Landeshaushalt veranschlagten Einnahmen aus der Totalisatorsteuer (2005/2006: jeweils 3 Mio. Euro) und der Lotteriesteuer (jeweils 250 Mio. Euro) sowie die ‚regulären' Abgaben von Spielbanken und die Sonderabgaben von Spielbankunternehmen (2006: 66,9 Mio. Euro bzw. 33,4 Mio. Euro) berücksichtigt, so belaufen sich die gesamten Glücksspiel-Einnahmen Baden-Württembergs im Jahr 2006 auf gut 600 Mio. Euro, d.h. auf rd. 2 v.H. der gesamten Landesausgaben. Für die anderen Bundesländer gelten andere Zahlen[12]

3 Zur finanzwissenschaftlichen Problematik der Zweckbindung

Wie dargelegt, sind sowohl die Einnahmen aus der Rennwettsteuer als auch die Reinerträge der Glücksspielunternehmen zum erheblichen Teil für die Förderung des Sports und der Kultur sowie für soziale Aufgaben zweckgebunden. Würden diese Bindungen entfallen, so könnten die betreffenden Mittel unmittelbar in die Landeshaushalte eingestellt und zur Finanzierung allgemeiner Staatsaufgaben eingesetzt werden. Die derzeitige Praxis widerspricht damit dem Haushaltsgrundsatz der Non-Affektation. Dieser Grundsatz wird auch als Grundsatz der Gesamtdeckung bezeichnet, wonach prinzipiell alle Staatseinnahmen zur Deckung *aller* Ausgaben dienen sollen.

Der Grundsatz der Non-Affektation ist zwar in der Finanzwissenschaft nicht völlig unumstritten und wird deshalb zuweilen nicht unter die ‚klassischen' Haushaltsgrundsätze eingeordnet, sondern eher als eine allgemeine finanzpolitische Regel des öffentlichen Kassenwesens eingestuft.[13] In der Regel wird er jedoch zu den zentralen Grundsätzen der öffentlichen Haushaltsführung gezählt. Im deutschen Haushaltsrecht ist er in § 8 der Bundeshaushaltsordnung (BHO) verankert: „Alle Einnahmen dienen als Deckungsmittel für alle Ausgaben". Ausnahmen sind lt. § 8 BHO nur zulässig, „soweit dies durch Gesetz vorgeschrieben oder Ausnahmen im Haushaltsplan zugelassen worden sind." Hinter dem Grundsatz der Non-Affektation steht eine dreifache Zielsetzung, die der Erfüllung von zentralen Budgetfunktionen dienen soll: Zum ersten geht es um

---

[11] Finanzministerium Baden Württemberg: Staatshaushaltsplan für 2005/06, Einzelplan 12, Kap. 1202 Allgemeine Bewilligungen, S. 11 (Titel Nr. 12303 und 12308).
[12] Vgl. Becker 2007, S. 16.
[13] Vgl. etwa Neumark, F.: Theorie und Praxis der Budgetgestaltung, in: Handbuch der Finanzwissenschaft, 2. Aufl., Bd. I, Tübingen 1952, S. 574.

die „Gleichwertigkeit der Staatszwecke"[14], d.h. die Vermeidung der dauerhaften Privilegierung einzelner Staatsaufgaben durch eine im Voraus festgelegte Bindung bestimmter öffentlicher Einnahmen; jede Staatsaufgabe soll sich demnach im Prozess der jährlichen Budgetaufstellung stets von neuem gegenüber alternativen Aufgaben behaupten müssen. Zum zweiten soll damit auch die Flexibilität des Budgets erhalten werden. Beide Ziele dienen primär der politischen Programmfunktion des Budgets, wonach der Haushaltsplan den „monetären Ausdruck des politischen Handlungsprogramms der Regierung"[15] bilden soll, sowie ergänzend auch der volkswirtschaftlichen Lenkungsfunktion, d.h. der Möglichkeit, den öffentlichen Haushalt zu stabilisierungspolitischen Zwecken einsetzen zu können. Der dritte Rechtfertigungsansatz des Grundsatzes der Non-Affektation ist aus der „Finanzwirtschaftlichen Ordnungsfunktion" und der „Politischen Kontrollfunktion" des Budgets abgeleitet und stützt sich darauf, dass eine Zweckbindung öffentlicher Einnahmen die Erfüllung dieser Budgetfunktionen erschwert; das gilt vor allem, wenn die Verwaltung der zweckgebundenen Einnahmen in gesonderten Fonds außerhalb des allgemeinen Haushalts erfolgt. Ausnahmen vom Grundsatz der Non-Affektation sind aus finanzwissenschaftlicher Sicht nur dann vertretbar, wenn eine spezifische Staatsaufgabe bewusst den Zufälligkeiten der jährlichen Budgetaufstellung entzogen und auf Dauer finanziell abgesichert werden soll. Als klassisches Beispiel kann etwa der Fall des Lastenausgleichs nach dem Zweiten Weltkrieg angeführt werden.

Es erscheint allerdings fraglich, ob die (partielle) Zweckbindung der staatlichen Einnahmen aus Glücksspielen mit derartigen Argumenten gerechtfertigt werden kann. Aus der Sicht der jeweiligen Empfänger ist die dauerhafte Versorgung mit Finanzmitteln natürlich erwünscht, da damit eine sichere finanzielle Planung ermöglicht wird.[16] Für eine dauerhafte Privilegierung von sportlichen, kulturellen und sozialen Zwecken, wie sie z.B. durch die Richtlinien für den baden-württembergischen Wettmittelfonds vorgesehen ist, gibt es jedoch aus finanzpolitischer Sicht kein zwingendes Argument. Zunächst kann grundsätzlich gefragt werden, ob es zu den zwingenden Staatszwecken gehört, die genannten Berei-

---

[14] Rürup, B./Hansmeyer, K.-H.: Staatswirtschaftliche Planungsinstrumente, 3. Aufl., Tübingen/Düsseldorf 1984, S. 17.

[15] Ebenda, S. 9.

[16] Vgl. in diesem Sinne – speziell bezogen auf den Bereich des Sports - J. Ennuschat: Glücksspielrecht und Gemeinwohlförderung, in: Zeitschrift für Wett- und Glücksspielrecht, 1. Jg. (2006), S. 6: „Die Anbindung eines erheblichen Teils der Sportförderung an die Reinerträge aus Glücksspielen verschafft dem Sport eine solide Finanzierungsquelle, ohne unmittelbare Abhängigkeiten gegenüber staatlichen Institutionen zu begründen." So zutreffend diese Aussage als solche ist, so überzogen scheint die vom gleichen Autor daraus gezogene weitergehende Folgerung, „dass der organisierte Sport in Deutschland in eine existentielle Krise geriete, wenn diese Fördermittel ausblieben oder auch nur erheblich zurückgingen" (ebenda).

che finanziell (oder in anderer Form) zu unterstützen. Bereits dies ist zumindest umstritten, da sowohl Sport als auch Kultur und Soziales zu den sogenannten „meritorischen Gütern" gehören, bei denen kein Marktversagen vorliegt und die deshalb allenfalls normativ-wertend zu begründen sind.[17] Eine dauerhafte Privilegierung dieser Förderziele – im Vergleich zu anderen Staatsaufgaben – müsste demnach besonders begründet werden. Darüber hinaus geht mit jeder Zweckbindung das Risiko einher, dass in den begünstigten Bereichen die Anreize zu einem kostenbewussten Verhalten geschwächt werden.

Der vorstehenden Kritik an der Zweckbindung von Glücksspieleinnahmen könnte eventuell eine These entgegen gehalten werden, die sich auf Argumente der „Neuen Politischen Ökonomie" (NPÖ) stützt. Im Gegensatz zur traditionellen wohlfahrtsökonomischen Sicht geht die NPÖ davon aus, dass politische und bürokratische Akteure nicht die langfristige Wohlfahrt der Gesellschaft maximieren wollen, sondern vielmehr ihren persönlichen Nutzen verfolgen und deshalb eher kurzfristige Ziele voranstellen, was zu gesellschaftlichen Wohlfahrtsverlusten führt. Aus dieser Perspektive könnte im Hinblick auf die zweckgebundenen Einnahmen aus Glücksspielen möglicherweise argumentiert werden, vor allem in Zeiten knapper Haushaltsmittel bestehe die Gefahr, dass bei Wegfall der Zweckbindung die freiwerdenden Mittel zur Stopfung von Haushaltslöchern „missbraucht" werden könnten. Auch dieses Argument ist jedoch wenig überzeugend. Zum einen ist grundsätzlich nicht einzusehen, warum es Politikern verwehrt sein sollte, spezifische Förderziele gegenüber dem Ziel einer Haushaltskonsolidierung, verstanden als Verringerung oder Beseitigung der Neuverschuldung, in einer konkreten Haushaltssituation voran zu stellen. Zum anderen sind konsolidierungspolitische Maßnahmen im Vergleich zur Alternative einer Kürzung von Transfers ohnehin für politische Akteure weniger attraktiv; das gilt nicht nur wegen der zu erwartenden Widerstände seitens der von Kürzungen bedrohten Interessengruppen, sondern auch angesichts der Mitwirkung von Politikern an den Entscheidungsprozessen über die genannten Transfers im Detail. Insgesamt ist es somit aus politökonomischer Sicht wenig wahr-

---

[17] Tatsächlich ist die besondere Bevorzugung von Sport und Kultur durch den baden-württembergischen Wettmittelfonds primär historisch zu erklären. So wurde in der ersten Fassung der Richtlinien aus dem Jahr 1958 festgelegt, dass von dem gesamten Reinertrag aus Toto und Lotto zunächst ein fester Betrag für den Bau von Sportstätten abgezogen wurde. Später kam die Förderung anderer sportlicher (z.B. Freizeitsport) sowie künstlerischer und kultureller Zwecke (einschl. Denkmalschutz) hinzu (vgl. im Einzelnen: Staatliche Toto-Lotto GmbH Baden-Württemberg: 50 Staatliche Toto-Lotto Baden-Württemberg, a.a.O., S. 134 ff.). Rückblickend erscheinen die Debatten im Landtag von Baden-Württemberg über die Umschichtung und Ausdehnung der Toto-Lotto-Förderung manchem Betrachter „geradezu als Bestandsaufnahme der Probleme, die in der hochentwickelten Industriegesellschaft entstanden" (ebenda, S. 136).

scheinlich, dass Konsolidierungszwänge vornehmlich zu Lasten der genannten Förderbereiche gehen würden.

Für eine Ausnahme vom Haushaltsgrundsatz der Non-Affektation lassen sich somit im Hinblick auf Glücksspieleinnahmen keine überzeugenden Gründe anführen. Das gilt schließlich auch für den (zumindest denkbaren) finanzpsychologischen Argumentationsversuch, dass mit den Einnahmen aus dem ‚verderblichen' Glücksspiel immerhin ‚gute' Zwecke gefördert würden. Eine solche Argumentation würde nur die Tatsache verschleiern, dass die Abgaben auf Glücksspiele und das staatliche Glücksspielmonopol letztlich allein fiskalischen Absichten dienen.[18]

4 Umsatzbesteuerung als Alternative zur Glücksspielbesteuerung?

Ein im April 2006 beschlossenes Gesetz zur Eindämmung missbräuchlicher Steuergestaltung bei Spielbankumsätzen[19] wirft die Frage nach einem Zusammenhang zwischen Glücksspielbesteuerung und Umsatzbesteuerung auf. Nach dem – als Reaktion auf die Rechtsprechung des EuGH aus dem Jahr 2005 erlassenen[20] – neuen Gesetz werden die bislang umsatzsteuerfreien Umsätze der zugelassenen öffentlichen Spielbanken in die Umsatzsteuerpflicht einbezogen (§ 4 Nr. 9 Buchst. b S. 1 UStG).[21] Dadurch soll die vom EuGH geforderte umsatzsteuerliche Neutralität hergestellt werden, da die Umsatzsteuerpflicht jetzt nicht mehr nur für die bereits zuvor von der Umsatzsteuer erfassten privaten Glücksspielanbieter, sondern auch für die öffentlichen Spielbanken gilt.[22] Durch die Einbeziehung der letzteren werden Steuerausfälle bei Bund, Ländern und Gemeinden verhindert, die bei einer möglichen Berufung privater Glücksspielanbie-

---

[18] Vgl. ähnlich Kreutz, a.a.O., S. 133
[19] Gesetz zur Eindämmung missbräuchlicher Steuergestaltung vom 28.04.2006, BGBl. I, S. 1095 f.
[20] Vgl. dazu genauer W. Tausch/J. Plenker: Änderungen durch die Gesetze zur Eindämmung missbräuchlicher Steuergestaltungen und zur Förderung von Wachstum und Beschäftigung, in: Der Betrieb, Heft 15 vom 14.04.2006, S. 802 f.
[21] Vorausgegangen war eine Debatte über die Schaffung einer neuen „Spieleinsatzsteuer" (vgl. Entwurf eines Gesetzes über die Besteuerung des Spieleinsatzes (Spieleinsatzsteuergesetz – SpEStG), Bundesrats-Drs. 479/1/05 v. 19.12.2005). Diese sollte an die Stelle der zuvor allein auf gewerblich aufgestellte Spielautomaten erhobenen, jedoch vom EuGH 2005 in dieser Form untersagten (s.o.), Umsatzsteuer treten. Gleichzeitig sollten die betreffenden Umsätze von der Rennwett- und Lotteriesteuer befreit werden. Vgl. dazu kritisch R. Dübbers: Die Spieleinsatzsteuer – ein Irrweg, in: Zeitschrift für Wett- und Glücksspielrecht, 1. Jg. (2006), S. 7 ff.
[22] Vgl. dazu auch den Beitrag von Bareis, P., Kahle, H., Besteuerung von Glücksspielen, in diesem Band, S. 37ff.

ter auf die Ungleichbehandlung ansonsten eingetreten wären.[23] Vor diesem Hintergrund liegt die grundsätzliche Frage nahe, ob nicht ein genereller Ersatz der Rennwett- und Lotteriesteuer durch die Mehrwertsteuer denkbar wäre.

Eine solche Änderung in der Struktur der Glücksspielbesteuerung könnte zum Einen fiskalische Konsequenzen haben. Darüber kann hier freilich allenfalls ansatzweise spekuliert werden. Zunächst könnte angesichts der kaum divergierenden Steuersätze bei der Rennwett- und Lotteriesteuer (16 2/3 v.H.) und der Mehrwertsteuer (derzeitiger Normalsatz 16 v.H., ab 01.01.2007 allerdings 19 v.H.) eine annähernde Aufkommensneutralität des Gesamtpakets vermutet werden. Tatsächlich würden allerdings die Bemessungsgrundlagen und damit auch die fiskalischen Erträge deutlich differieren. Grundlage der Besteuerung sind bei der Rennwett- und Lotteriesteuer die von den Wettern oder Spielern geleisteten Einsätze bzw. bei Lotterien der planmäßige Preis sämtlicher Lose. Besteuerungsgrundlage bei der Mehrwertsteuer sind grundsätzlich die steuerpflichtigen Umsätze; von der hiernach geschuldeten Steuer können dann aber die Vorsteuerbeträge für Vorleistungen abgezogen werden. Im Ergebnis würden dadurch die Gesamterträge aus einer Umsatzbesteuerung wohl geringer ausfallen als diejenigen aus der Rennwett- und Lotteriesteuer nach dem Status Quo. Dem wäre allerdings die Anhebung des Normalsatzes der Mehrwertsteuer zum 01.01.2007 von 16 v.H. auf 19 v.H. als Aufkommens erhöhender Faktor gegenüber zu stellen. Aus steuertheoretischer Perspektive könnte weiterhin die Frage aufgeworfen werden, ob sich bei einem Ersatz der Rennwett- und Lotteriesteuer durch die Umsatzsteuer möglicherweise die Bedingungen für eine Überwälzung der Steuer auf die Glücksspieler verändern würden. Denkbar wäre auch, dass eine Besteuerung des Umsatzes anstelle der bisherigen Steuerbemessungsgrundlagen veränderte Anreize für die Wettanbieter auslösen könnte. Inwieweit sich dadurch die steuerlichen Gesamterträge verändern würden, mag an dieser Stelle letztlich offen bleiben.

Zum anderen hätte ein Ersatz der Rennwett- und Lotteriesteuer durch die Mehrwertsteuer aber zweifellos erhebliche Folgen für den bundesstaatlichen Finanzausgleich. Während nämlich die Rennwett- und Lotteriesteuer allein den Ländern zufließt, steht das Aufkommen aus der Mehrwertsteuer als einer Gemeinschaftsteuer jedoch Bund, Ländern und Gemeinden – nach Maßgabe ihrer gesetzlichen Anteile an dieser Steuer gemäß den Bestimmungen des deutschen Finanzausgleichs – gemeinsam zu. Derzeit beläuft sich der Anteil der Länder

---

[23] Es wird allerdings angenommen, dass die Spielbanken als Folge der Gesetzesänderung eine entsprechende Absenkung der Spielbankabgabe fordern werden. In den Gesetzesberatungen ist der Bundesrat davon ausgegangen, dass der Bund die durch eine solche Reduzierung der Spielbankabgabe entstehenden Mindereinnahmen (nach vorläufigen Berechnungen im Jahr 2007: ca. 75 Mio. Euro) ausgleichen wird. Vgl. Tausch/Plenker, a.a.O., S. 803.

am Aufkommen der Mehrwertsteuer (nach Vorwegabzügen für den Bund und für die Gemeinden)[24] auf knapp 50 v.H.. Ein Ersatz der Rennwett- und Lotteriesteuer durch die Mehrwertsteuer würde den Ländern demnach Einbußen in einer Größenordnung von rd. 1 Mrd. Euro bescheren; profitieren würde der Bund (sowie in geringerem Umfang die Gemeinden). Diese fiskalischen Effekte könnten allerdings durch eine Änderung des Verteilungsschlüssels bei der Mehrwertsteuer im bundesstaatlichen aktiven Finanzausgleich unschwer ausgeglichen werden.

Zusätzlich zu beachten sind allerdings die fiskalischen Effekte unterschiedlicher Verteilungsschlüssel zwischen den Bundesländern bei der derzeitigen Glücksspielbesteuerung einerseits und einer Umsatzbesteuerung andererseits: So stehen die Rennwett- und Lotteriesteuer sowie die Spielbankenabgabe grundsätzlich denjenigen Ländern zu, in denen ihr Aufkommen erzielt wird; bei länderübergreifenden Lotterien werden die Einnahmen nach einem festen Schlüssel auf die beteiligten Länder verteilt. Die Einnahmen fließen dann allerdings in die Finanzkraft-Berechnungsgrundlage des Länderfinanzausgleichs i.e.S. (die sog. Finanzkraftmesszahl) ein. Die Folge ist – durch die hohen Nivellierungseffekte des Länderfinanzausgleichs – letztlich eine weitgehende Umverteilung von finanzstarken zu finanzschwachen Bundesländern. Eine Ausnahme bilden lediglich diejenigen Abführungen der Spielbanken, die ggfs. über die landesgesetzlich festgelegten Abführungssätze der Spielbankabgabe hinaus entrichtet werden und die dann voll bei dem betreffenden Bundesland verbleiben.[25] Demgegenüber erfolgt die Verteilung des Länderanteils an der Umsatzsteuer zu (mindestens) 75 v.H. nach der Einwohnerzahl. Die restlichen (maximal) 25 v.H. kommen den Bundesländern mit unterdurchschnittlicher Finanzkraft zugute (sog. Umsatzsteuer-Vorwegausgleich), bevor der eigentliche Länderfinanzausgleich i.e.S. greift.

Entfallen würde bei einer Abschaffung der Rennwett- und Lotteriesteuer schließlich die erwähnte partielle Zweckbindung des Aufkommensanteils zugunsten der Pferdezucht. Bei realistischer Betrachtung kann unterstellt werden, dass die bisherigen Empfänger auf einen entsprechenden finanziellen Ausgleich aus dem Landeshaushalt drängen würden und die politischen Akteure sich diesem Druck kurzfristig wohl kaum widersetzen könnten. Gleichwohl würde der Wegfall einer gesetzlichen Zweckbindung einen erhöhten Unsicherheitsfaktor bedeuten, da die Dotierung dieses speziellen Förderbereichs dann, anders als

---

[24] Seit 1999 erhält der Bund vor der eigentlichen Verteilung des Umsatzsteueraufkommens 5,63 v.H. als Ausgleich für den erhöhten Bundeszuschuss zur Rentenversicherung. Von der verbleibenden Summe stehen den Gemeinden seit 1998 vorab 2,2 v.H. zum Ausgleich der seinerzeit abgeschafften Gewerbekapitalsteuer zu. Der Restbetrag fließt seit 2000 zu 50,25 v.H. an den Bund und zu 49,75 v.H. an die Länder.

[25] Vgl. Kreuz, a.a.O., S. 91.

bislang, prinzipiell unter den Vorbehalt der laufenden Budgetpolitik gestellt würde.

5 Zusammenfassung

Glücksspiele tragen in zweifacher Form zur Finanzierung der deutschen Bundesländer bei: Zum einen in Form von zwei Steuern auf spezielle Güter (Rennwett- und Lotteriesteuer und Spielbankenangabe), zum anderen durch die Abführung der Gewinne öffentlicher Glücksspielunternehmen. Der Gesamtbeitrag dieser Einnahmen zur Finanzierung der Länderhaushalte beläuft sich immerhin auf rd. 2 v.H. der Länderausgaben. Dabei unterliegt ein erheblicher Teil der Gewinnabführungen der Glücksspielunternehmen einer – primär historisch zu erklärenden – Zweckbindung, die aus finanzwissenschaftlicher Sicht kaum zu rechtfertigen ist. Ein zuweilen diskutierter Ersatz der Glücksspielbesteuerung durch Einbeziehung des Glücksspiels in die allgemeine Umsatzbesteuerung würde neben gewissen Veränderungen im fiskalischen Aufkommen vor allem Verschiebungen im bundesstaatlichen Finanzausgleich nach sich ziehen.

Literatur

BAREIS, P., KAHLE, H. (2007), Besteuerung von Glücksspielen, in diesem Band, S. 37-60

BECKER, T. (2007): Der Markt für Glücksspiele und Wetten. In diesem Band, S. 1-23

BUNDESMINISTERIUM DER FINANZEN (2004): Finanzbericht 2005. Berlin : Bundesanzeiger Verlagsgesellschaft, Köln.

BUNDESMINISTERIUM DER FINANZEN (2005), Steuern von A bis Z. Berlin.

DÜBBERS, R. (2006): Die Spieleinsatzsteuer – ein Irrweg. In: Zeitschrift für Wett- und Glücksspielrecht, 1. Jg., Nr. 2, S. 7-11.

ENNUSCHAT, J. (2006): Glücksspielrecht und Gemeinwohlförderung. In: Zeitschrift für Wett- und Glücksspielrecht. 1. Jg., Nr. 2, S. 4-7.

FINANZMINISTERIUM BADEN WÜRTTEMBERG (2006): Staatshaushaltsplan für 2005/06. Stuttgart. HANSMEYER, K.-H., CAESAR, R., KOTHS, D, SIEDENBERG, A. (1980): Steuern auf spezielle Güter. In: Handbuch der Finanzwissenschaft, 3. Aufl., Bd. II, Tübingen : Mohr, S. 709-885.

KREUTZ, D. (2005): Staatliche Kontrolle und Beteiligung am Glücksspiel. München : Neuland Vertragsgesellschaft mbH.

NEUMARK, F. (1952): Theorie und Praxis der Budgetgestaltung, in: Handbuch der Finanzwissenschaft. 2. Aufl., Bd. I, Tübingen : Mohr, S. 554-605.

RÜRUP, B., HANSMEYER, K.-H. (1984): Staatswirtschaftliche Planungsinstrumente. 3. Aufl., Tübingen/Düsseldorf : Werner Verlag.

SCHMÖLDERS, G. (1956): Das Verbrauch- und Aufwandsteuersystem, in: Handbuch der Finanzwissenschaft. 2. Aufl., Bd. II, Tübingen : Mohr, S. 635-720.

STAATLICHE TOTO-LOTTO GMBH BADEN-WÜRTTEMBERG (1958): 50 Jahre Toto-Lotto Baden-Württemberg. Stuttgart : Kohlhammer Verlag.

TAUSCH, W., PLENKER, J. (2006): Änderungen durch die Gesetze zur Eindämmung missbräuchlicher Steuergestaltungen und zur Förderung von Wachstum und Beschäftigung. In: Der Betrieb, Nr. 15, S. 800-808.

Rechtsquellen:

Gesetz zur Eindämmung missbräuchlicher Steuergestaltung vom 28.04.2006, BGBl. 2006 I, S. 1095. Rennwett- und Lotteriegesetz (RennwLottG) vom 08.04.1922, RGBl 1922 I, zuletzt geändert durch Artikel 119 V. v. 31.10.2006, BGBl. 2006 I, S. 2407.

Entwurf eines Gesetzes über die Besteuerung des Spieleinsatzes (Spieleinsatzsteuergesetz – SpEStG), Bundesrats-Drs. 479/1/05 v. 19.12.2005.

Besteuerung von Glücksspielen

Peter Bareis und Holger Kahle[1]

1 Einleitung

Glücksspiele sind populär wie selten zuvor und stellen einen beachtlichen Wirtschaftsfaktor dar. Der Markt für Online-Glücksspiele in Deutschland lockt mit enormen Wachstumsraten. Insbesondere mit Blick auf die FIFA-Weltmeisterschaft 2006 intensivieren national und international tätige Glücksspielunternehmen ihre Aktivitäten am deutschen Markt.

Der folgende Beitrag skizziert die gegenwärtige Besteuerung von Glücksspielen und weist kurz auf die rechtliche und ökonomische Problematik des geltenden Rechts hin, ohne dass hier eine abschließende Bewertung erfolgen kann. Es zeigt sich, dass die Besteuerung nicht konsistent ist. Auch der Entwurf eines "Spieleinsatzsteuergesetzes", sollte er Gesetz werden, löst nicht alle Fragen befriedigend.

Schlüsselworte:

Einkommensteuer, Ertragsteuer, Glücksspiel, Geschicklichkeitsspiel, Lotterien, Spielbankabgabe

2 Begriff und Arten von Glücksspielen und Abgrenzung zu Geschicklichkeitsspielen

Es geht beim Spiel um ein Wagnis, dessen Zweck Unterhaltung oder Gewinn oder beides ist.[2] Es fehlt daher ein konkretes wirtschaftliches Sachziel wie dies z. B. bei der Produktion von Haushaltswaren oder bei Dienstleistungen, wie beispielsweise der technischen Beratung der Fall ist. Spielgewinne können vom Zufall, aber auch von der Geschicklichkeit der Spieler abhängen. Für die Teil-

---

[1] Peter Bareis war bis September 2005 Inhaber des Lehrstuhls für Allgemeine Betriebswirtschaftslehre, insbesondere Betriebswirtschaftliche Steuerlehre und Prüfungswesen an der Universität Hohenheim
Holger Kahle ist seit Oktober 2005 Inhaber der Professur für Allgemeine Betriebswirtschaftslehre, insbesondere Betriebswirtschaftliche Steuerlehre und Prüfungswesen an der Universität Hohenheim

[2] Vgl. Palandt, Bürgerliches Gesetzbuch, 65. Aufl., München 2006, Anm. 1a zu § 762.

nahme am Spiel wird in der Regel ein Einsatz verlangt, tritt der Erfolg ein, wird eine ggf. höhere Gegenleistung erbracht, wobei es sich regelmäßig um Geldleistungen handelt. Dies ist jedoch keine Voraussetzung für das Vorliegen eines Spiels.

Es sind zwei Hauptarten des Spiels zu unterscheiden, das Glücksspiel und das Geschicklichkeitsspiel. Während beim Glücksspiel Gewinn oder Verlust ganz oder doch überwiegend vom Zufall abhängen, sind beim Geschicklichkeitsspiel in erster Linie, womöglich auch vollständig, die besonderen geistigen oder körperlichen Fähigkeiten der Spieler – eben deren Geschicklichkeit - für den Erfolg ausschlaggebend.[3] Die Abgrenzung zwischen Glücksspiel und Geschicklichkeitsspiel kann schwierig sein. Im Grundsatz ist bei Preisrätseln, Gewinnspielen und Verlosungen die Gewinnchance unabhängig von der geistigen Fähigkeit des Spielers.[4] Letztendlich ist die Abgrenzung einzelfallabhängig. So ist der Preisskat nicht lotteriesteuerpflichtig, da es hierbei nach der Rechtsprechung des Bundesfinanzhofes auf Geschicklichkeit ankommt.[5] Das Risiko der schlechten Karten werde desto stärker ausgeglichen, je länger gespielt werde. Nur bei ganz geringer Spieldauer könne von einem Vorherrschen des Zufalls ausgegangen werden; bei einem Preisskat werde aber für nur so kurze Zeit nicht gespielt. Auch Preisschießen und Preiskegeln gelten als Geschicklichkeitsspiele.[6]

Da diese Unterscheidungen für die Besteuerung von ausschlaggebender Bedeutung sind, musste sich vielfach die Finanzrechtsprechung mit dieser Abgrenzung auseinandersetzen und insoweit Zivilrecht auslegen.

Für öffentliche Glücksspiele – um welche es nachfolgend ausschließlich geht - bestehen rechtliche Schranken; werden sie nicht beachtet, kann die Nichtigkeit des Vertrages die Folge sein.[7] § 762 Abs. 1 BGB erklärt Spiel und Wette zu unvollkommenen Verbindlichkeiten: „Durch Spiel oder durch Wette wird eine Verbindlichkeit nicht begründet. Das auf Grund des Spieles oder der Wette Geleistete kann nicht deshalb zurückgefordert werden, weil die Verbindlichkeit nicht bestanden hat." Nach Palandt[8] ist Spiel und Wette gemeinsam, „daß sie GeschErfolg nach der einen oder anderen Seite von einer Ungewißheit, meist

---

[3] Vgl. Heinz/Kopp/Mayer, Verkehrssteuern, 4. Aufl., Achim 1998, S. 426.
[4] Vgl. Klenk, GA 1976, S. 363.
[5] Vgl. BFH v. 4.5.1951, II 2/51, BStBl III 1951, S. 128.
[6] Vgl. Hicks, UVR 1991, S. 48.
[7] Vgl. zum verfassungs-, zivil-, ordnungs- und strafrechtlichen Rahmen von Glücksspielen Horn, NJW 2004, S. 2047-2055; Janz, NJW 2003, S. 1694-1701.
[8] Vgl. Palandt, Bürgerliches Gesetzbuch, 65. Aufl., München 2006, Anm. 1 zu § 762. Die in der Ungewissheit liegende Gefährlichkeit, nicht etwa die Unsittlichkeit, führe die Rechtsordnung dazu, beiden Verträgen nur geminderte Wirksamkeit beizulegen. Dieser Grundsatz wird dann bei staatlich genehmigten Spielen und Wetten nach § 763 BGB durchbrochen.

sogar ganz oder teilweise vom Zufall abhängig machen (aleatorischer Bestandteil)."

Zu den (öffentlichen) Glücksspielen zählen:

- Rennwetten,
- Lotterien,
- Ausspielungen,
- ODDSET-Wetten.

Rennwetten als steuerlich bedeutsame Unterfälle von Spiel und Wette sind im Rennwett- und Lotteriegesetz nur indirekt definiert. § 1 Abs. 1 RennwLottG erklärt: „Ein Verein, der das Unternehmen eines Totalisators aus Anlaß öffentlicher Pferderennen und anderer öffentlicher Leistungsprüfungen für Pferde betreiben will, bedarf der Erlaubnis ...". Entsprechend verlangt § 2 Abs. 1: „Wer gewerbsmäßig Wetten bei öffentlichen Leistungsprüfungen für Pferde abschließen oder vermitteln will (Buchmacher), bedarf der Erlaubnis ...". Entscheidendes Merkmal für eine Rennwette in diesem Sinne ist somit, dass Einsatz und Gewinnmöglichkeit vom Ergebnis von Pferderennen bzw. von Leistungsprüfungen für Pferde abhängig ist. Ein Totalisator ist eine mechanische Wettmaschine, die der Ermittlung von Gewinnquoten bei Pferderennen dient. Das Betreiben des Totalisators ist erlaubnispflichtig; diese Erlaubnis ist jährlich bei der zuständigen Verwaltungsbehörde einzuholen.

Bei einem Lotterie- oder Ausspielvertrag schließt der Anbieter einer Lotterie oder Ausspielung mit einer Mehrheit von Spielern Verträge ab, in denen er verspricht, gegen (meist in Geld bestehende) Einsätze nach Maßgabe eines Spielplanes Gewinne an die spielplangemäß ermittelten Gewinner zu leisten.[9] Dabei geschieht die spielplanmäßige Ermittlung ganz oder doch wesentlich durch Zufall, z.B. durch Verlosung, Würfeln. Bei Mitwirkung der Spieler, z.B. durch Sieg im Preiskegeln, muss gegenüber Geschicklichkeitsspielen abgegrenzt werden. Wenn die Gewinne ausschließlich in Geld bestehen, handelt es sich um eine Lotterie, sonst um eine Ausspielung. Der Unterschied zwischen einer Lotterie und einer Ausspielung besteht lediglich darin, dass bei einer Ausspielung der versprochene Gewinn in Geld und in Sachwerten oder auch ausschließlich in Sachwerten bestehen darf.[10]

Gemäß § 763 BGB ist ein Lotterie- und Ausspielvertrag verbindlich, wenn die Lotterie oder Ausspielung staatlich genehmigt ist.[11] Die Genehmigung wird

---

[9] Vgl. RGZ 77, 342; Palandt, Bürgerliches Gesetzbuch, 65. Aufl., München 2006, Anm. 1 zu § 763.

[10] Vgl. Palandt, Bürgerliches Gesetzbuch, 65. Aufl., München 2006, Anm. 1 zu § 763; Laukemann/Junker, AfP 2000, S. 254.

[11] Ansonsten findet § 762 BGB Anwendung.

durch die zuständige Landesbehörde nach den Landesgesetzen erteilt.[12] Keiner besonderen Genehmigung bedürfen staatliche Lotterien (z.B. Fußballtoto, Zahlenlotto); ihr Betreiben ist Sache der Länder.[13]

Bei einem Preisausschreiben in Zeitschriften (z.B. Kreuzworträtsel) soll es nach der früheren Rechtsprechung des BFH für eine Abgrenzung zu Geschicklichkeitsspielen zum einen auf die Schwierigkeit der gestellten Aufgabe und zum anderen auf das Verhältnis der abgegebenen richtigen und falschen Antworten ankommen.[14] Demnach liegt eine Lotterie vor, wenn der weit übergehende Teil der Antworten korrekt ist, so dass in erheblichem Umfang gelost wird. Diese Trennkriterien sind zu unscharf, wie sich mit Blick z.B. auf ein schweres Kreuzworträtsel zeigt. Wenn sich aus dem Rätsel ein Lösungswort ergibt, werden nur diejenigen an der Auslosung teilnehmen, die aufgrund ihres Wissens und ihrer Mühe das Losungswort gefunden haben; die Anzahl der falschen Antworten wäre gering, so dass das Abgrenzungskriterium des Bundesfinanzhofes ins Leere laufen würde.[15] Daher stellt der BFH für das Nicht-Vorliegen einer Lotterie im Falle von Preisausschreiben stärker darauf ab, dass der Durchschnitt der Spieler die Fähigkeit besitzen muss, den Spielausgang Gewinn bringend zu steuern.[16] Vor diesem Hintergrund wird bei Quizsendungen, Rätseln oder allgemeinen Fragen mit Gewinnmöglichkeiten, die Fernseh- und Radiosender anbieten und bei denen die Antwort über eine Telefonnummer mit der Vorwahl 0900 (früher 0190) eingereicht werden kann, das Vorliegen einer Lotterie verneint.[17]

Bei einer ODDSET-Wette kann der Teilnehmer seinen Einsatz selbst bestimmen und mit einer bei Abschluss der Wette festgelegten Gewinnquote rechnen, die sich später nicht mehr ändert.[18] Gegenstand der ODDSET-Wette ist die Vorhersage eines bestimmten Sportergebnisses.

3 Der Steuerzugriff nach dem Rennwett- und Lotteriegesetz

3.1 Gesetzliche Grundlagen

Die Rennwett- und Lotteriesteuer unterliegt der konkurrierenden Gesetzgebung des Bundes (Art. 105 Abs. 2 i.V.m. Art. 72 Abs. 2 GG). Sie knüpft an das Ge-

---

[12] Vgl. Palandt, Bürgerliches Gesetzbuch, 65. Aufl., München 2006, Anm. 2b zu § 763.
[13] Vgl. Palandt, Bürgerliches Gesetzbuch, 65. Aufl., München 2006, Anm. 2c zu § 763 BGB.
[14] Vgl. BFH v. 30.3.1955, II 88/54 U, BStBl III 1955, S. 156.
[15] Vgl. Sensburg, BB 2002, S. 128.
[16] Vgl. BFH v. 8.6.1961, II 115/57 U, BStBl III 1961, S. 553.
[17] Vgl. im Einzelnen Malaton/Senburg, DStZ 2002, S. 26 f.; Sensburg, BB 2002 S. 128.
[18] "ODDSET" : feste Quote (engl.).

setz betreffend die Erhebung von Reichsstempelabgaben vom 1. Juli 1881 an.[19] Das Lotterierecht ist als Recht der öffentlichen Ordnung und Sicherheit Ländersache.[20] Die Rechtsgrundlage für die Gesetzgebungsbefugnis besteht in Art. 70 Abs. 1 GG, von der die Länder in ihren Lotteriegesetzen und -verordnungen Gebrauch machen.

Das Rennwett- und Lotteriegesetz (RennwLottG) aus dem Jahre 1922 soll nach dessen Begründung an die "Spiellust im Volke" anknüpfen; mit ihm soll der "Spieltrieb" als Steuerquelle nutzbar gemacht und die zufallsbedingte Bildung unverdienten Vermögens erschwert werden.[21]

Die Rennwettsteuer dient in erster Linie der Pferdezucht, weil sie als Totalisatorsteuer zweckgebunden ist (s.u.), während die Lotteriesteuer praktisch allein der Einnahmenerzielung des Staates dient. Sie steht den Bundesländern zu (Art. 106 Abs. 2 Nr. 4 GG).

3.2 Die Besteuerung von Rennwetten und die Verwendung der Steuern

Während der Rennwettsteuer Wetten unterliegen, die aus Anlass öffentlicher Pferderennen und anderer öffentlicher Leistungsprüfungen für Pferde bei einem Totalisator (§ 10 RennwLottG) oder Buchmacher (§ 11 RennwLottG) abgeschlossen werden,[22] trifft die Lotteriesteuer wettverwandte Spiele aus anderen Anlässen als Pferderennen. Beide Formen werden nachfolgend getrennt behandelt.

§ 13 Abs. 1 RennwLottG bestimmt als Steuerschuldner den „Unternehmer des Totalisators", meint damit den zum Totalisatorbetrieb zugelassenen Verein, ferner den Buchmacher (§ 1 Abs. 1 i. V. m. § 10 Abs. 1 sowie § 2 Abs. 1 i. V. m. § 11 Abs. 1 RennwLottG).

Gegenstand der Rennwettsteuer ist "die Wette", die am Totalisator oder beim Buchmacher abgeschlossen wird (§ 10 Abs. 1 bzw. § 11 Abs. 1). Dabei ist unerheblich, ob das Totalisatorunternehmen erlaubt oder der Buchmacher zugelassen ist (§ 12).

Als Bemessungsgrundlage der Totalisatorsteuer definieren § 10 Abs. 1 bzw. § 11 Abs. 1 RennwLottG die "gewetteten Beträge" bzw. den "Wetteinsatz".

---

[19] Vgl. RGBl 1881, S. 185-191.
[20] Vgl. BVerfG v. 18.03.1970, 2 BvO 1/65, BVerfGE 28, S. 119 ff.
[21] Vgl. Schmitz, Rennwett- und Lotteriesteuer für die Praxis, Düsseldorf 1951, S. 7.
[22] Zu den verschiedenen Wettarten bei Pferderennen vgl. Hicks, UVR 1991, S. 47 m.w.N.

Der Steuersatz beträgt 16 2/3 % der gewetteten Beträge (§ 10 Abs. 1 bzw. § 11 Abs. 1 RennwLottG) und ist vom Totalisatorunternehmen bzw. Buchmacher innerhalb einer Woche nach Ablauf jedes halben Kalendermonats zu entrichten, sofern keine Stempelzeichen verwendet und entwertet werden (§ 13 Abs. 1 RennwLottG). Die Steuer ist Betriebsausgabe des Steuerschuldners.

Das Aufkommen aus der Rennwettsteuer in der Form der Totalisatorsteuer (§§ 1, 10 RennwLottG) fließt bis zu einer Höhe von 96 % an die Rennvereine zurück, die der Totalisatorsteuer unterliegen (§ 16 RennwLottG). Insoweit dient diese Steuer "der Subventionierung von Rennvereinen, die die zugeflossenen Beträge zu Zwecken öffentlicher Leistungsprüfungen für Pferde verwenden müssen."[23] Damit erhebt sich die Frage, weshalb hier überhaupt eine derartige Steuer erhoben wird, statt den Vereinen die Überschüsse – bis auf den Rest von 4 % oder etwas mehr – sogleich zur Verwendung für die begünstigten Zwecke zu überlassen.

3.3 Die Besteuerung von Lotterien und die Verwendung der Steuern

Steuersubjekt der Lotteriesteuer ist der Veranstalter der Lotterie, Ausspielung oder der ODDSET-Wette (§ 19 RennwLottG). Nach der Rechtsprechung des BFH[24] gilt als Veranstalter einer Lotterie, wer die planmäßige Ausführung des gesamten Unternehmens selbst oder durch andere ins Werk setzt. "Inwerksetzung" meint "geistige Urheberschaft". Veranstalter kann deshalb nicht derjenige sein, der lediglich die technische Durchführung einer Veranstaltung übernimmt.[25] Es ist unerheblich, ob der Veranstalter nach außen hervortritt oder nicht. Dieser Veranstalterbegriff einer Lotterie oder Ausspielung gilt entsprechend auch für ODDSET-Wetten.[26] Wer die Spielregeln festlegt, das zu bewettende Ereignis aussucht und die Gewinnquote festlegt, setzt eine Wette ins Werk und ist damit Steuerschuldner der Lotteriesteuer.[27] Der Vermittler einer ODDSET-Wette oder eine andere Hilfsperson ist nicht Veranstalter im Sinne des RennwLottG.

Bei ausländischen Losen ist Steuersubjekt der Lotteriesteuer der Einbringer oder der erste Empfänger (§ 21 Abs. 3 RennwLottG). Bezüglich des Begriffes des Einbringens kommt es nach der h. M. auf die tatsächliche Einfuhr von Lo-

---

[23] Hicks, UVR 1991, S. 46.
[24] Vgl. BFH v. 10.12.1970, V R 50/67, BStBl II 1971, S. 193; v. 2.2.1977, II R 11/74, BStBl II 1977, S. 495; vgl. hierzu Maslaton/Sensburg, DStZ 2002, S. 24 f.; Sensburg, DStZ 2006, S. 189-193.
[25] Vgl. auch Laukemann/Junker, AfP 2000, S. 256.
[26] Vgl. BFH v. 22.03.2005, II B 14/04, BFH/NV 2005, S. 1379 ff.
[27] Vgl. BFH v. 22.03.2005, II B 14/04, BFH/NV 2005, S. 1380.

sen an, wobei es unerheblich ist, ob die Lose gespielt und eingelöst werden.[28] Die ausländische Währung ist nach den für die Umsatzsteuer geltenden Vorschriften in Euro umzurechnen. Die Anmeldung ausländischer Lose hat nach § 35 RennwLottG zu erfolgen.

Inwieweit eine DDR-Lizenz als Berechtigung i.S.d. RennwLottG anzusehen ist, muss jedes Land selbst entscheiden.[29] Wenn das Land dies ablehnt, darf der Unternehmer keine Wetten entgegennehmen, falls die Lizenz anerkannt wird, unterliegt der private Anbieter von Sportwetten mit DDR-Lizenz der Steuerpflicht nach § 17 RennwLottG.

Das RennwLottG enthält keine Definition, was unter einer Lotterie oder Ausspielung zu verstehen ist. Die steuerliche Rechtsprechung folgt der eingangs dargestellten Begriffsbestimmung der übrigen Rechtsgebiete.[30] Dabei werden Lotterien und Ausspielung gleich behandelt.[31]

Steuerobjekt der Lotteriesteuer sind gemäß § 17 Satz 1 RennwLottG im Inland veranstaltete "öffentliche Lotterien, Ausspielungen und ODDSET-Wetten, die nicht Rennwetten nach Abschnitt I dieses Gesetzes sind."[32] Den Begriff "öffentlich" präzisiert Satz 2 damit, dass "die für die Genehmigung zuständige Behörde sie als genehmigungspflichtig ansieht". Der Zweck dieser Vorschrift besteht darin, die Feststellung der Steuerbarkeit für die Fälle zu erleichtern, in denen die Erteilung einer behördlichen Genehmigung erforderlich ist. Die Finanzbehörde wird durch die Genehmigungsbehörde nur dann gebunden, sofern die Genehmigungsbehörde in ihrem Bescheid Genehmigungspflicht annimmt. Ein verneinender Bescheid der Genehmigungsbehörde bindet die Finanzbehörde nicht.[33]

Die Lotteriesteuerpflicht setzt einen festgelegten Spielplan voraus, aufgrund dessen vom Veranstalter ausgesetzte Gewinne ausgespielt werden. An dieser Voraussetzung fehlt es beim Roulettespiel, da die Spielführung der freien Gestaltung der Spieler unterliegt.[34] Der BFH stellt heraus, dass beim Roulette der

---

[28] Vgl. Hicks, UVR 1991, S. 49; Wilms, UVR 1999, S. 63. § 21 RennwLottG gilt als in verfassungsrechtlicher und europarechtlicher Sicht bedenklich, vgl. Wilms, UVR 1999, S. 64 ff.
[29] Vgl. OVG Sachsen-Anhalt v. 26.4.2005, 1 L 188/03, http://snipurl.com/f4bt.; OVG NRW v. 14.05.2004, 4 B 2096/03, http://www.justiz.nrw.de/ses/nrwesearch.php#/nrwe /ovgs /ovg_nrw/j2004/4_B_2096_03beschluss20040514.html
[30] Vgl. BFH v. 20.7.1951, II 32/51 U, BStBl III 1951, S. 166.
[31] Vgl. Schmitz, Rennwett- und Lotteriesteuer, Düsseldorf 1951, Rz. 75.
[32] Mit der Änderung des RennwLottG zum 1. April 2000 ist die Besteuerung der ODDSET-Wetten eingeführt worden.
[33] Vgl. Hicks, UVR 1991, S. 48 m.w.N.
[34] Vgl. BFH v. 10.7.1968, II R 139/66, BStBl II 1969, S. 118.

Spieler die Höhe seines Einsatzes, seines Risikos und damit die Höhe seines Gewinns selbst bestimmen kann. Nach Ansicht des BFH fehlt die Voraussetzung eines festgelegten Spielplans auch beim Kartenglücksspiel; der Veranstalter hat nicht die Befugnis, die Gewinnverteilung zu bestimmen.[35] Vielmehr fällt die Entscheidung über Gewinn oder Verlust im Wettkampf der Spieler, die das Spiel weitgehend frei gestalten.

Die Lotteriesteuerpflicht setzt einen geleisteten Einsatz des Spielers für den Erwerb der Gewinnchance voraus, d.h. der Spielvertrag muss entgeltlich sein. Es ist unerheblich, ob der Einsatz an den Veranstalter oder an einen Dritten gezahlt wird und ob er in Geld oder geldähnlichen Gütern besteht.[36] Der Einsatz kann in offener oder versteckter Form erfolgen. Sofern der Spieler seinen Einsatz nur für den Erwerb einer Gewinnchance leistet (z.B. durch Bezahlung eines Loses bei einer Klassenlotterie oder eines Lottoscheines), liegt ein Einsatz in offener Form vor.[37] Es handelt sich um einen Einsatz in versteckter Form, wenn der Spieler den Einsatz für den Erwerb eines Gegenstandes (Sache oder Recht) und einer Gewinnchance verwendet hat.[38]

Für die Frage, ob zum Erwerb einer Gewinnhoffnung ein Einsatz geleistet wird, kommt es auf den subjektiven Standpunkt derjenigen Person an, der der Erwerb einer Gewinnchance angeboten wird.[39] Wenn ein Teilnehmer seine Berechtigung, an einem Quiz mitzumachen, wesentlich in der Zahlung eines Kaufpreises sieht, "so ist die Zahlung des Kaufpreises nicht nur die Gegenleistung für eine Ware, sondern auch Entgelt für seine eingeräumte Gewinnhoffnung und damit Einsatz."[40] Vor diesem Hintergrund wird bei Gewinnspielen im Internet, die auf eine gebührenpflichtige Webseite verlinken, im Regelfall davon ausgegangen, dass dem Benutzer bewusst ist, einen Einsatz zu leisten.[41]

Es bedarf einer Konnexität zwischen dem gezahlten Entgelt und der Teilnahme an der Gewinnverlosung:[42] "Der Einsatz muss unabdingbare Voraussetzung für die Teilnahme an der Lotterie sein."[43] Daher ist nach der Rechtsprechung des BFH bei einem Preisausschreiben, das sich nur auf ein Heft einer Zeitschrift erstreckt, kein versteckter Einsatz im Preis der Zeitschrift enthalten.[44] Kein nen-

---

[35] Vgl. BFH v. 2.2.1977, II R 11/74, BStBl II 1977, S. 495.
[36] Vgl. Hicks, UVR 1991, S. 48.
[37] Vgl. Möllinger, DVR 1979, S. 55.
[38] Vgl. Hicks, UVR 1991, S. 48.
[39] Vgl. BFH v. 6.11.1968, II 6/64, BStBl II 1969, S. 46.
[40] Sensburg, BB 2002, S. 129.
[41] Vgl. Maslaton/Sensburg, DStZ 2002, S. 27.
[42] Vgl. Heinz/Kopp/Mayer, Verkehrssteuern, 4. Aufl., Achim 1998, S. 431.
[43] Sensburg, BB 2002, S. 128.
[44] Vgl. BFH v. 19.11.1959, II 95/56 S, BStBl III 1960, S. 176; vgl. auch Müller, NJW 1972, S. 273; Klenk, GA 1976, S. 365 f.

nenswerter Teil der Teilnehmer würde die Zeitschrift – so der BFH – wegen des Preisausschreibens erwerben.[45]

Das Kriterium der Öffentlichkeit wird bejaht, wenn die Lotterie, Ausspielung oder ODDSET-Wette entweder jedermann oder nur einem begrenzten, jedoch nicht durch persönliche Beziehungen verbundenen Personenkreis zugänglich gemacht wird.[46] Entsprechend ist eine Lotterie, Ausspielung oder ODDSET-Wette nicht öffentlich, sofern sie in einem "Privatzirkel" durchgeführt werden; hiermit ist ein fest abgegrenzter Personenkreis gemeint, dessen Mitglieder durch persönliche Bekanntschaft, Beruf, gemeinsame Interessen oder in ähnlicher Weise miteinander verbunden sind und zu dem gleichfalls der Veranstalter der Lotterie, Ausspielung oder ODDSET-Wette zählt.[47]

Die Veranstaltung einer Lotterie durch einen Verein mit hohem Mitgliederbestand wird als öffentlich angesehen werden, sofern nicht noch weitere Maßnahmen getroffen werden, durch die die Beschränkung des Absatzes der Lose auf die Mitglieder gewährleistet ist.[48] Eine öffentliche Lotterie liegt auch vor im Falle des Gewinnsparens bei einem Sparverein, bei dem dem Mitglied die Zahlung eines Sparbeitrages und eines verlosungsberechtigten Vereinsbeitrages auferlegt wird.[49]

Darüber hinaus setzt die Lotteriesteuerpflicht voraus, dass die Lotterie, Ausspielung oder ODDSET-Wette im Inland veranstaltet wird. Maßgebend für den Ort der Veranstaltung ist der Ort der Gewinnverteilung, d.h. der Ort der Ziehung der Lose. Das Einbringen ausländischer Lose oder Ausweise über Spieleinlagen in das Inland ist gleichfalls Objekt der Lotteriesteuer (§ 21 RennwLottG).

Bei ODDSET-Wetten kommt es "darauf an, ob der betreffende Unternehmer der Veranstalter von im Inland veranstalteten Wetten ist."[50] Die Vermittlung von Wetten über die Grenzen hinweg wird vom RennwLottG ebenso wenig erfasst wie im Grundsatz die Wetten über ausländische Internetanbieter. Ist also der Anbieter einer ODDSET-Sportwette im Ausland ansässig und werden ihm die Wetten aus dem Inland heraus über das Internet weitergeleitet oder vermittelt,

---

[45] Zur Frage nach dem Vorliegen eines verdeckten Einsatzes bei Gewinnspielen mit 0900'er Nummern vgl. Maslaton/Sensburg, DStZ 2002, S. 26 f.; Sensburg, BB 2002, S. 128 f.
[46] Vgl. Hicks, UVR 1991, S. 47.
[47] Vgl. Hicks, UVR 1991, S. 47.
[48] Vgl. Hicks, UVR 1991, S. 47 m.w.N.
[49] Vgl. BFH v. 29.7.1953, II 120/53 U, BStBl III 1953, S. 258.
[50] Sensburg, DStZ 2006, S. 189.

liegt eine im Inland steuerpflichtige Veranstaltung i.S.d. RennwLottG nicht vor.[51]

Als Bemessungsgrundlage gilt grundsätzlich der "planmäßige Preis (Nennwert) der Lose ... ausschließlich der Steuer" (§ 17 Satz 3 RennwLottG). Alle für den Erwerb eines Loses zu bewirkenden Leistungen (z.b. Zuschläge für Bearbeitung, Schreib- und Kollektionsgebühren) zählen zur Bemessungsgrundlage.

Die Befreiungsvorschrift des § 18 RennwettLottG betrifft u.a. kleinere Ausspielungen (Gesamtpreis nicht über 650 Euro) sowie Lotterien und Ausspielungen zu ausschließlich gemeinnützigen, mildtätigen oder kirchlichen Zwecken, die von den zuständigen Behörden genehmigt worden sind und bei denen der Gesamtpreis der Lose den Wert von 40.000 Euro nicht übersteigt (§ 18 Nr. 2 Buchst. a) RennwLottG),[52] in anderen Fällen den Wert von 240 Euro nicht übersteigen.

Die Lotteriesteuer beträgt gemäß § 17 Satz 3 RennwLottG 20 % des Nennwertes der Lose ausschließlich der Steuer (= 16 2/3 % oder ein Sechstel des Verkaufspreises). Ausländische Lose sind nach § 21 Abs. 1 RennwLottG mit 25 Cent je Euro Losnennwert zu versteuern, ist also höher als für inländische Lose, was die Frage nach der Konformität mit dem Europarecht aufwirft, wenn es sich um Lose aus EU-Ländern handelt.

Die Steuerschuld entsteht mit der Genehmigung der Lotterie oder Ausspielung, spätestens aber in dem Zeitpunkt, in dem die Genehmigung hätte eingeholt werden müssen (§ 19 Abs. 1 S. 2 RennwLottG). Die Steuer entsteht bei ausländischen Losen, sobald die Lose in das Inland eingebracht werden.

Im Gegensatz zur Totalisatorsteuer fließt die Lotteriesteuer in voller Höhe in den jeweiligen Landeshaushalt.

3.4 Zusammenhang mit anderen Steuerarten

Glücksspiele nach dem RennwLottG sind zugleich steuerbare Umsätze im Sinne des Umsatzsteuergesetzes. Sie sind jedoch von der Umsatzsteuer befreit, sofern sie unter spezielle Verkehrsteuergesetze fallen, d.h. nach diesen speziellen Gesetzen steuerbar sind. Umsätze, die unter das Renwett- und Lotteriegesetz fal-

---

[51] Vgl. im Einzelnen BFH v. 22.3.2005, II B 14/04, BFH/NV 2005, S. 1379 ff.; hierzu Sensburg, DStZ 2006, S. 189-193.
[52] Zu Einzelheiten siehe Möllinger, DVR 1979, S. 54.

len, sind daher nach § 4 Nr. 9 Buchstabe b) Satz 1 UStG von der Umsatzsteuer befreit, und zwar auch dann, wenn sie illegal veranstaltet werden.[53]

Es verbleibt bei der Umsatzsteuer-Pflicht, wenn die Wettumsätze nach § 18 RennwLottG steuerbefreit sind (s.o).

Glücksspiele außerhalb des RennwLottG sind jedoch umsatzsteuerbar und umsatzsteuerpflichtig (§ 4 Nr. 9 lit. B S. 2 UStG).

Neben die Lotteriesteuer kann Vergnügungssteuer treten. Die Vergnügungssteuer ist eine der Landesgesetzgebung unterliegende örtliche Aufwandssteuer (Art. 105 Abs. 2a GG). Wetten bei öffentlichen Pferderennen sind von der Vergnügungssteuer befreit. Das Spielen an Spielautomaten wird nicht von der Lotteriesteuer, sondern von der Umsatzsteuer erfasst; zudem fällt in den meisten Ländern Vergnügungssteuer (Spielautomatensteuer) an.[54]

4 Die Spielbankabgabe

4.1 Historische Entwicklung und Gesetzgebungshoheit

Die Spielbankabgabe basiert historisch auf der Verordnung über öffentliche Spielbanken vom 27. Juli 1938.[55] Die Spielbankenverordnung galt gemäß Art. 125 Abs. 1 GG in der Bundesrepublik Deutschland fort;[56] sie ist ranggleich mit förmlichen Gesetzen.[57] Das Erhebungsrecht der Spielbankabgabe liegt bei den Ländern. Seit dem 1. April 1955 steht die Spielbankabgabe ausdrücklich den Ländern zu (Art. 106 Abs. 2 Nr. 6 GG).[58] Die Länder haben in ihren Spielbankengesetzen die Höhe und die Verwendung der Spielbankabgabe zu regeln.[59] "Die Spielbankabgabe wird von den Spielbanken an die von den zuständigen Landesbehörden bestimmten Kassen abgeführt. Da die Länder zumindest

---

[53] Vgl. EuGH v. 17.2.2005, C 453/02 und C 462/02, EuZW 2005, S. 210.
[54] Vgl. hierzu Becker, T. Der Markt für Glücksspiele und Wetten. S. 16, in diesem Band.
[55] Vgl. RGBl I 1938, S. 955 f.
[56] Die Bundesländer haben die grundsätzlichen Regelungen der Verordnung über öffentliche Spielbanken vom 27. Juli 1938 in ihre Spielbankgesetze übernommen, vgl. Huschens, NWB 2003, Heft 34, S. 2626.
[57] Vgl. BVerfG v. 03.05.1967, 2 BvR 134/63, BVerfGE 22, S. 1 ff., 12 f.
[58] Das Finanzverfassungsgesetz vom 23.12.1955 hat die Ertragsheit der Länder für die Spielbankabgabe in den ausdrücklichen Verfassungswortlaut aufgenommen. Die Ertragshoheit des Bundes war ungültig. Vgl. Walter, StuW 1972, S. 226 ff.
[59] Vgl. im Einzelnen Kreutz, Staatliche Kontrolle und Beteiligung am Glücksspiel, München 2005, S. 90-96.

zum Teil Anteilseigner der Spielbanken sind, sind Steuerschuldner und Steuergläubiger `eng verschwägert`."[60]

4.2 Geltendes Recht

Eine Spielbank ist eine Unternehmung, die gewerbsmäßig Gelegenheit zum (konzessionierten) Glücksspiel anbietet. Spielbanken[61] unterliegen der Spielbankabgabe (Art. 106 Abs. 1 Nr. 3 GG) nach § 5 Spielbankenverordnung (SpielbVO).

Nach der Rechtsprechung des BVerfG liegt der Zweck der Spielbankabgabe darin, einen Ausgleich dafür herzustellen, dass die beim Betrieb von Spielbanken anfallenden hohen Gewinne relativ risikolos erzielt werden können, da der Markt, auf dem diese Gewinne erzielt werden, aus Gründen der öffentlichen Sicherheit und Ordnung auf nur wenige Anbieter begrenzt ist, und weil die Spielbankgewinne aus einer an sich unerwünschten, die Spielleidenschaft des Menschen ausnutzenden Tätigkeit stammen.[62]

Der Spielbank verbleibt nach Abzug der Gewinne (80 – 95 % der Einsätze) vor Zahlung der Spielbankabgabe der Bruttospielertrag. Die Spielbankabgabe wird als Prozentsatz vom Bruttospielertrag erhoben und kann bis zu 80 % betragen.[63] Von der Spielbankabgabe werden sämtliche Umsätze erfasst, die durch den Spielbetrieb der Spielbank verursacht sind (u.a. die Veranstaltung von Glücksspielen, die Erzielung von Tronc-Einnahmen, die Erhebung von Eintrittsgel-

---

[60] Dziadkowski, IStR 2002, S. 591.
[61] Immer häufiger werden Spielbankenkonzessionen ausgeschrieben. Private Gesellschaften haben jedoch aufgrund der Spielbankgesetze kaum eine Chance auf den Zuschlag. Die neue Betreibergesellschaft muss überwiegend vom Land abgeleitet sein. Vgl. im Einzelnen Kreutz, Staatliche Kontrolle und Beteiligung am Glücksspiel, München 2005, S. 98.
[62] Vgl. z.B. BVerfG v. 19.7.2000, 1 BvH 539/96, BVerfGE 102, S. 197, 216; vgl. auch BFH v. 8.3.1995, II R 10/83, BStBl II 1995, S. 432, 437.
[63] Nach § 7 Abs. 1 Spielbankengesetz Baden-Württemberg gilt folgende Regelung:

Bruttospielertrag	Abgabesatz
Bis zu 25 Mio. Euro	50 %
25 Mio. übersteigend bis 50 Mio. Euro	55 %
50 Mio. übersteigender Betrag	60 %

§ 7 Abs. 2 dieses Gesetzes ermöglicht Ermäßigungen im ersten Betriebsjahr einer Spielbank um bis zu 30 %, im zweiten um bis zu 20 % und im dritten Betriebsjahr um bis zu 10 % des Abgabebetrages. Als Bruttospielertrag ist definiert: „der Betrag, 1. um den die täglichen Spieleinsätze die den Spielern nach den Spielregeln zustehenden Gewinne übersteigen, wenn die Spielbank ein Spielrisiko trägt, 2. der der Spielbank zufließt, wenn sie kein Spielrisiko trägt." (§ 7 Abs. 3 SpBG BW)

dern).⁶⁴ Die Umsätze, die mit dem Betrieb einer Gaststätte, eines Hotels oder mit anderen Tätigkeiten in Zusammenhang stehen, unterliegen nicht der Spielbankabgabe, sondern der Umsatzsteuer.⁶⁵

Die Spielbankbetreiber werden durch die Landesspielbankgesetze von allen Steuern befreit, die der Landesgesetzgebung unterliegen und die in einem unmittelbaren Zusammenhang mit dem Betrieb der Spielbank stehen. Die zugelassenen öffentlichen Spielbanken sind mit ihren der Spielbankabgabe unterliegenden Tätigkeiten von der Gewerbesteuer befreit (§ 3 Nr. 1 GewStG); auch Einkommensteuer und Körperschaftsteuer fallen bezüglich des Betriebs der Spielbank nicht an (§ 6 Abs. 1 SpielbVO). Gemäß § 4 Nr. 9b UStG sind die Umsätze der zugelassenen öffentlichen Spielbanken, die durch den Betrieb der Spielbank bedingt sind, von der Umsatzsteuer befreit. Die Spielbankgesetze verpflichten den Spielbankunternehmer zur Bildung von Rücklagen, um den ordnungsgemäßen Spielbankbetrieb sicher zu stellen. Erträge aus diesen Rücklagen sind gleichfalls steuerfrei, "soweit die Höhe der Rücklage für die gesetzmäßige Führung und den Betrieb der Spielbank erforderlich und angemessen ist."⁶⁶

Die zugelassenen öffentlichen Spielbanken sind nur formal, nicht aber wirtschaftlich von den laufenden Steuern des Staates befreit, denn die Spielbankabgabe deckt die Steuern auf das Einkommen, das Vermögen, die Umsatz- und die Gewerbesteuer sowie die Lotteriesteuer ab. Um eine Doppelbesteuerung zu vermeiden, war der Spielbankunternehmer schon 1938 von den laufenden Steuern des Reiches (in erster Linie ESt, VSt, USt) sowie von der Lotteriesteuer und der Gesellschaftssteuer befreit.

Der BFH hat in seinem Gutachten vom 21.01.1954 klargestellt, dass die Spielbankabgabe keine Verwaltungsabgabe für die Genehmigung zum Betrieb einer Spielbank darstellt. Vielmehr ist sie als Steuer im Sinne der AO anzusehen. Die Spielbankangabe unterliegt keinem harmonisierten Steuersystem (wie etwa die USt). Der BFH führt aus, dass die Spielbankabgabe eine Abgeltung für die Bundessteuern darstellt, weshalb die Befreiung von der Umsatzsteuer rechtens ist.⁶⁷
§ 4 Nr. 9b UStG stellt also keine echte Befreiungsvorschrift dar; durch diese Norm soll vielmehr eine Doppelbelastung (Spielbankabgabe und Umsatzsteuer) vermieden werden. Ein Steuergut soll nach dem Grundsatz der Einmalbesteuerung nicht mehrfach bzw. doppelt belastet werden.

---

⁶⁴ Vgl. Dziadkowski, IStR 2002, S. 591.
⁶⁵ Vgl. BdF v. 10.12.1966, UR 1966, S. 204.
⁶⁶ Strnad/Weidt, DB 2003, S. 1764.
⁶⁷ Vgl. BFH v. 21.01.1954, V D 1/535, BStBl III 1954, S. 122 ff.; Walter, StuW 1972, S. 225.

Indem die Spielbankabgabe zur Abgeltung mehrerer Steuerarten anfällt, ist sie de facto keine Einzelsteuer.[68] Die Spielbankabgabe ist in ihrer Gesamtheit keine Abgabe, die den Charakter einer Umsatzsteuer i.S.d. Art. 33 der 6. EG-RL besitzt. Zwar knüpft sie an den Spielumsatz an, sie ist deshalb aber keine allgemeine Verbrauchsteuer, die als Umsatzsteuer zu qualifizieren ist. Auch eine Einordnung als spezielle Verkehrsteuer schlägt fehl.[69] Die Spielbankabgabe lässt sich zudem nicht als Sonderform der Rennwett- und Lotteriesteuer verstehen.

4.3 Spielbankabgabe und europäische Mehrwertsteuer

Gemäß Art. 13 Teil B Buchst. f der Sechsten Richtlinie 77/38 8/EWG des Rates vom 17. Mai 1977 zur Harmonisierung der Rechtsvorschriften der Mitgliedstaaten über die Umsatzsteuern (Sechste Mehrwertsteuerrichtlinie) sind von der USt befreit "Wetten, Lotterien und sonstige Glücksspiele mit Geldeinsatz unter den Bedingungen und Beschränkungen, die von jedem Mitgliedstaat festgelegt werden." Die Mitgliedstaaten können während einer Übergangszeit (Art. 28 Abs. 4 6. EG-RL) die befreiten Umsätze weiter besteuern, wenn sie im Anhang E erfasst sind, oder weiterhin befreien, wenn sie in Anhang F aufgeführt sind. Die 6. EG-RL fordert also nicht obligatorisch, die genannten Umsätze zu befreien; vielmehr wird den Mitgliedstaaten ein Wahlrecht eingeräumt.

Der deutsche Gesetzgeber hat dieses Wahlrecht in der Weise ausgeübt, dass die Umsätze aus Geldspielautomaten weiterhin der Umsatzsteuer unterliegen. Ein Verstoß gegen die 6. EG-RL liegt damit nach h.M. nicht vor, zumal die Übergangsfrist (Art. 28 Abs. 4 6. EG-RL) kontinuierlich verlängert wurde.[70]

Auf den ersten Blick werden damit Umsätze aus Geldspielautomaten und Spielbanken umsatzsteuerlich unterschiedlich behandelt. Jedoch zahlen Spielbanken USt im Rahmen der Spielbankenabgabe; die Umsatzsteuer ist im Gesamtbetrag von 80 % enthalten, während der Restbetrag auf Ertrag- und Substanzsteuern entfällt. "Da die Besteuerung der öffentlichen Spielbanken einer Sonderregelung unterliegt, kann die scheinbare Befreiung von der Umsatzsteuer nicht als Vergleichsmaßstab für die Beurteilung anderer `ähnlicher´ Umsätze herangezogen werden." Eine Umsatzsteuer-Befreiung von Nicht-Spielbanken käme "einer ungewollten und auch nicht gerechtfertigten Subvention"[71] dieser Unternehmen

---

[68] Vgl. Dziadkowski, IStR 2002, S. 591.
[69] Vgl. Dziadkowski, IStR 2002, S. 591.
[70] Vgl. Dziadkowski, IStR 2002, S. 592.
[71] Dziadkowski, IStR 2002, S. 592 (beide Zitate).

gleich, da eine Spielbankabgabe von Nicht-Spielbanken nicht erhoben werden darf.

Der BFH hatte dem EuGH die Frage vorgelegt, ob die Umsätze privater Glücksspielbetreiber besteuert werden dürfen, während die Umsätze staatlich konzessionierter Spielbankunternehmer steuerbefreit sind (§ 4 Nr. 9b UStG).[72] Nach der Rechtsprechung des EuGH verstößt die Umsatzsteuerbefreiung nach § 4 Nr. 9b UStG gegen Art. 13 Teil B Buchstabe f der 6. EG-RL, da die Freistellung der öffentlichen Spielbanken ohne jeglichen Hinweis auf die Form oder die Modalitäten des Betreibers bzw. der Spiele erfolgt.[73] Das Urteil des EuGH beruht auf dem Neutralitätsgrundsatz, nach dem gleichartige und deshalb miteinander in Wettbewerb stehende Dienstleistungen auch gleich behandelt werden müssen.[74] Der EuGH nahm in erster Linie an der Ungleichbehandlung von Spielbanken und anderen Unternehmern Anstoß.

Es ist nach der Rechtsprechung des EuGH und des BFH für die Frage der Europarechtswidrigkeit der Umsatzbesteuerung der Umsätze mit gewerberechtlichen Geldspielgeräten unerheblich, "ob in Spielbanken tatsächlich Geldspielgeräte wie in Gaststätten oder Spielhallen betrieben werden."[75] Der Frage, ob die Spielgeräte, die außerhalb von Spielbanken betrieben werden, bezüglich einzelner Merkmale (z.B. Höchsteinsatz und Höchstgewinn) mit den Automaten in den Spielbanken vergleichbar sind, wurde vom EuGH und dem BFH keine Bedeutung beigemessen.[76] Es ist aber strittig, ob überhaupt eine Wettbewerbssituation zwischen gewerblichen Spielhallen und Spielbanken gegeben ist. Denn nach den Bestimmungen der Gewerbeordnung dürfen in gewerblichen Spielhallen die klassischen Spiele der Spielbanken nicht angeboten werden.[77] Auch der

---

[72] Vgl. BFH v. 6.11.2002, V R 7/02, DStRE 2002, S. 179.
[73] Vgl. EuGH v. 17.02.2005, Rs. C–453/02 und C-462/02 – Linneweber und Akritidis, UR 2005, S. 194; hierzu Widmann, DStR 2005, S. 1161 f.; Dziadkowski, UR 2005, S. 482 ff.; Leonard/Szczekalla, UR 2005, S. 420 ff.
[74] Vgl. EuGH v. 17.02.2005, Rs. C–453/02 und C-462/02 – Linneweber und Akritidis, UR 2005, S. 194, Rz. 23.
[75] Dziadkowski, UR 2005, S. 484.
[76] Die Notwendigkeit einer Vergleichbarkeit der erbrachten Dienstleistungen und damit die Frage nach der Gleichartigkeit der Geldspielautomaten wurde hingegen in den Schlussanträgen der Generalanwältin im Fall Linneweber noch betont, vgl. EuGH v. 08.07.2004, C-453/02 und C-462/02 – Linneweber und Akritidis, Rz. 55; vgl. auch Korf, UR 2004, S. 573 f.
[77] Vgl. im Einzelnen FG Schleswig-Holstein v. 09.04.2001, V 64/99, EFG 2001, S. 1001. Das Aufstellen von Spielgeräten außerhalb der Spielbanken bedarf gem. §§ 33c ff. GewO einer behördlichen Erlaubnis. Die Behörde darf die Erlaubnis nur erteilen, wenn die Spielgeräte bestimmten Anforderungen gerecht werden; diese Anforderungen betreffen u.a. den Höchsteinsatz und den Höchstgewinn, das Verhältnis der Anzahl der gewonnen Spiele zur Anzahl der verlorenen Spiele und das Verhältnis des Einsatzes zum Gewinn bei einer bestimmten Anzahl von Spielen.

BFH hatte in seiner Begründung zur Vorlage an den EuGH noch herausgestellt, dass sich die Geldspielautomaten in den öffentlichen Spielbanken i.d.R. erheblich von den in Gaststätten und gewerblichen Spielhallen aufgestellten Geldspielautomaten unterscheiden.[78] Der EuGH hat die Gleichartigkeit schlicht unterstellt;[79] er ließ sich von der deutschen Regierung, die die Gleichartigkeit verneinte, nicht beeindrucken.[80] Nach dem EuGH ist maßgebend, dass der Betrieb von Glücksspielgeräten in zugelassenen öffentlichen Spielbanken und außerhalb dieser Spielbanken "die Ausübung der gleichen Tätigkeit"[81] darstellt. Europarechtlich ist ein potenzielles Wettbewerbsverhältnis ausreichend; auf eine tatsächliche Wettbewerbssituation kommt es nicht an.[82]

Der EuGH hat sich mit dem Sinn und Zweck der Befreiungsvorschrift des § 4 Nr. 9 UStG nicht eingehend auseinandergesetzt. Der Umstand, dass Spielbanken einer Spielbankabgabe unterliegen, hat die Entscheidungsfindung nicht beeinträchtigt. Nach der Rechtsprechung des BFH ist die Spielbankabgabe als Gesamtsteuer, die die Umsatzsteuer anteilig enthält, nicht zu berücksichtigen; die Überlegungen dürfen sich nur auf den Bereich der harmonisierten USt beziehen, während nicht harmonisierte Steuern wie die Spielbankabgabe aus gemeinschaftsrechtlicher Sicht zu vernachlässigen sind.

Im Ergebnis kann sich jeder Spielhallenbetreiber, der keine öffentliche Spielbank betreibt, auf Art. 13 Teil B Buchstabe f) 6. EG-Richtlinie berufen und hierdurch in den Genuss der nationalen Steuerbefreiung von der Umsatzsteuer gelangen.[83] Letzteres gilt zumindest in allen noch nicht bestandskräftigen Fällen.[84] Ob aufgrund des Vorrangs des Gemeinschaftsrechts auch bestandskräftige oder gar festsetzungsverjährte Steuerbescheide korrigiert werden können, ist strittig, dürfte aber aufgrund der grundsätzlichen Verfahrensautonomie der Mitgliedstaaten zu verneinen sein.[85] Die Steuerbefreiung dürfte sich für die Mehrzahl der Betreiber der Geldspielautomaten günstig auswirken; aufgrund des

---

[78] Vgl. BFH v. 6.11.2002, V R 7/02 – Linneweber, UR 2003, S. 83; vgl. auch Dziadkowski, UR 2005, S. 485.
[79] Vgl. EuGH v. 17.02.2005, C-453/02 und C-462/02 – Linneweber und Akritidis, UR 2005, S. 196.
[80] Vgl. Dziadkowski, UR 2005, S. 485.
[81] BFH v. 12.05.2005, V R 7/02, UR 2005, S. 500, unter 3a der Gründe; mit Bezug auf EuGH v. 11.6.1998, C-283/95 (Fischer), UR 1998, S. 384, Rz. 29.
[82] Vgl. Birk/Jahndorf, UR 2005, S. 199; Thym/Heckler, EuZW 2005, S. 213.
[83] Vgl. BFH v. 12.5.2005, V R 7/02, UR 2005, S. 505.
[84] Vgl. Leonard/Szczekalla, UR 2005, S. 421.
[85] Vgl. zur Diskussion Leonard/Szczekalla, UR 2005, S. 425-429; Kokott/Henze, NJW 2006, S. 177-183.

Wegfalls der Vorsteuerabzugsberechtigung können sich bei hohen Investitionen für Geldspielgeräte aber auch nachteilige Folgen ergeben.[86]

Der EuGH hat es abgelehnt, die zeitliche Wirkung des Urteils zu beschränken.[87] Gegen das Gemeinschaftsrecht verstoßendes nationales Recht darf im Grundsatz ex tunc nicht mehr angewendet werden.[88] Die von der Bundesregierung angeführten erheblichen zu erwartenden Einnahmeausfälle für die Haushalte von Bund und Ländern sind nach der Rechtsprechung des EuGH kein Grund, eine gegen Gemeinschaftsrecht verstoßende nationale Regelung für eine Übergangszeit anwendbar bleiben zu lassen.[89]

Der deutsche Gesetzgeber hat auf diese Rechtsprechung des EuGH in dem Anfang April 2006 beschlossenen Gesetz zur Eindämmung missbräuchlicher Steuergestaltung reagiert. Danach werden die bisher umsatzsteuerfreien Umsätze der zugelassenen öffentlichen Spielbanken, die durch den Betrieb der Spielbank bedingt sind, in die Umsatzsteuerpflicht einbezogen (§ 4 Nr. 9 Buchst. b S. 1 UStG), um die umsatzsteuerliche Neutralität herzustellen und die durch die Rechtsprechung des EuGH eröffnete Berufungsmöglichkeit gewerblicher Glücksspielanbieter auf die Steuerbefreiung zu beseitigen. Die Umsätze von gewerblichen Glücksspielanbietern sind damit wiederum umsatzsteuerpflichtig.

Es wird erwartet, dass die Spielbanken als Folge dieser Gesetzesänderung eine Reduzierung der Spielbankabgabe fordern werden. In den Gesetzesberatungen ist der Bundesrat von der Bereitschaft des Bundes ausgegangen, einen Ausgleich für die den Ländern infolge einer Absenkung der Spielbankabgabe entstehenden Mindereinnahmen zu schaffen.[90]

5 Einkommen- und ertragsteuerliche Aspekte

5.1 Einkommen- und Ertragsteuern der Anbieter von Glücksspielen

Die in § 1 RennwettLottG angesprochenen Vereine, die ein dort näher umschriebenes Totalisatorunternehmen betreiben, sind nach § 1 Abs. 1 Nr. 4 oder 5 KStG Körperschaftsteuersubjekte, nach § 2 Abs. 3 GewStG Gewerbesteuersub-

---

[86] Vgl. Leonard/Szczekalla, UR 2005, S. 425.
[87] Vgl. EuGH v. 17.02.2005, Rs. C–453/02 und C-462/02 – Linneweber und Akritidis, UR 2005, S. 194, Rz. 45.
[88] Vgl. Rengeling/Middeke/Gellermann (Hrsg.), Handbuch des Rechtsschutzes in der Europäischen Union, 2. Aufl., München 2003, Rz. 91 zu § 10.
[89] Vgl. EuGH v. 17.02.2005, Rs. C–453/02 und C-462/02 – Linneweber und Akritidis, UR 2005, S. 194, Rz. 44.
[90] Vgl. Tausch/Plenker, DB 2006, S. 803.

jekte. Da sie voraussetzungsgemäß der Pferdezucht dienen müssen, könnte erwartet werden, dass sie als gemeinnützig im Sinne des § 52 Abs. 2 Nr. 4 AO (Tierzucht) gelten und deshalb sowohl von der Körperschaftsteuer wie von der Gewerbesteuer befreit sein müssten (vgl. § 5 Abs. 1 Nr. 9 KStG, § 3 Nr. 6 GewStG). Diese Steuerbefreiungen gelten jedoch insoweit nicht, als ein wirtschaftlicher Geschäftsbetrieb unterhalten wird. Es kommt somit zu der eigenartigen Situation, dass eine Sondersteuer – die Totalisatorsteuer – erhoben wird, die als Subvention wieder fast vollständig an den Verein zurückfließt, auf der anderen Seite jedoch Gewerbe- und Körperschaftsteuer erhoben werden.

Buchmacher sind definitionsgemäß Gewerbetreibende und unterliegen je nach Rechtsform der Einkommen- bzw. Körperschaftsteuer und der Gewerbesteuer.

Nach § 18 Abs. 1 Nr. 2 EStG sind die Einnahmen aus einer staatlichen Lotterie, die freiberuflich ausgeübt wird, einkommensteuerpflichtig (staatlicher Lotterieeinnehmer). Falls die Tätigkeit von der Organisation her einem Gewerbebetrieb entspricht, liegt Steuerpflicht nach § 15 EStG vor, sie beziehen also gewerbliche Einkünfte. Der Lotterieeinnehmer unterhält einen Gewerbebetrieb, wenn er zum Absatz der Lose einen kaufmännisch eingerichteten Geschäftsbetrieb unterhält oder wenn er die Lose im Rahmen eines anderen von ihm geführten Gewerbebetriebes absetzt.[91] Eine getrennte Beurteilung des Lotteriebetriebes und des daneben geführten Gewerbebetriebes ist dann notwendig, wenn beide Tätigkeiten nach der Verkehrsauffassung als voneinander getrennte, wenn auch nebeneinander bestehende `Einkunftsquelle´ anzusehen sind."[92]

In der Regel führt der Staat jedoch eine Lotterie als Betrieb gewerblicher Art einer juristischen Person des öffentlichen Rechts. Diese sind nach § 1 Abs. 1 Nr. 6 KStG Körperschaftsteuersubjekte. In diesem Fall ist der Betrieb nach § 5 Abs. 1 KStG bzw. nach § 3 Nr. 1 GewStG i.V.m. § 13 GewStDV von den Einkommen- und Ertragsteuern befreit.[93] Damit unterliegen im Regelfall die landesrechtlich geregelten staatlichen Lotterieunternehmen einschließlich Fußballtoto und Zahlenlotto weder der Körperschaftsteuer noch der Gewerbesteuer.

---

[91] Vgl. BFH v. 19.11.1985, VIII R 310/83, BStBl II 1986, S. 719; FG Niedersachen v. 09.11.1984, II – 216/82, EFG 1985, S. 78.
[92] Schmidt, Einkommensteuergesetz, Kommentar, 24. Aufl., München 2005, Rz. 135 zu § 18.
[93] Vgl. Glanegger/Güroff, Gewerbesteuergesetz, Kommentar, 6. Aufl., München 2006, Rz. 98 zu § 2, Stichwort "Lotterieeinnehmer".

Der Bezirksvertreter einer staatlichen Lotterie ist kein Lotterieeinnehmer; seine Einkünfte fallen daher nicht unter § 18 Abs. 1 Nr. 2 EStG, sondern stellen gewerbliche Einkünfte dar.[94] Er ist nicht von der Gewerbesteuer befreit.[95]

Falls die Lotterie durch eine Kapitalgesellschaft betrieben wird, sind die Steuerbefreiungen nach der Rechtsprechung des BFH nicht einschlägig, da kein staatliches Lottounternehmen vorliegt; ein Gewerbebetrieb liegt auch dann vor, wenn der Staat alle Anteile an der Kapitalgesellschaft als Eigner hält.[96]

Eine Loseannahmestelle geht nach § 15 EStG einer gewerblichen Tätigkeit nach, so dass deren Gewinne der Einkommensteuer und der Gewerbesteuer unterliegen.[97] Eine Befreiung nach § 3 EStG greift nicht, im GewStG ist ebenfalls keine Befreiungsvorschrift einschlägig. Die Loseannahmestellen erfüllen grundsätzlich nicht den Tatbestand des § 17 RennwLottG, sind also keine Lotteriesteuersubjekte. Eine Loseannahmestelle kann dennoch der Rennwett- und Lotteriesteuer unterworfen werden, wenn nachgewiesen wird, dass die Annahmestelle nur einen geringen Teil der Einnahmen zur Teilnahme an einer staatlichen Lotterie verwendet und die verbleibenden Einnahmen zur Auszahlung von selbst durchgeführten Auslosungen verwendet werden.[98] Die abgeführte Rennwett- und Lotteriesteuer kann nach § 4 EStG als Betriebsausgabe abgezogen werden.[99]

Bezüglich ausländischer Lose kommt es bei der Ermittlung der Ertragsteuern auf das jeweilige DBA bzw. auf den Tatbestand an, ob im Inland eine Betriebsstätte oder ein Tochterunternehmen unterhalten wird, in diesen Fällen ist der Gewinn in der Regel in Deutschland zu versteuern.

---

[94] Vgl. BFH v. 10.08.1972, IV R 81/66, BStBl II 1972, S. 801; Schmidt, Einkommensteuergesetz, Kommentar, 24. Aufl., München 2005, Rz. 138 zu § 18.
[95] Vgl. BFH v. 04.07.1968, IV R 77/67, BStBl II 1968, S. 718; v. 14.09.1967, V 4/65, BStBl II 1968, S. 244.
[96] Vgl. im Einzelnen BFH v. 13.11.1963, GrS 1/62, BStBl III 1964, S. 190; v. 24.10.1984, I R 158/81, BStBl II 1985, S. 223; v. 14.03.1961, BStBl III 1961, S. 212. Diese Urteile beziehen sich zwar ausschließlich auf die Anwendbarkeit des § 3 GewStG; da jedoch bei der Gesetzesbegründung für das GewStG auf die Befreiung gem. § 5 KStG verwiesen wurde, ist das Urteil auch für das KStG maßgeblich.
[97] Vgl. BFH v. 19.11.1985, VIII R 310/83, BStBl II 1986, S. 719; FG Köln v. 29.01.1993, 3-K-4033/90, EFG 1993, S. 594.
[98] Vgl. FG Köln v. 16.11.2005, 11 K 3095/04, http://www.gluecksspiel-und-recht.de/urteile/Finanzgericht-Koeln-20051116.html.
[99] Vgl. Schmidt, Einkommensteuergesetz, Kommentar, 24. Aufl., München 2005, Rz. 150 zu § 15.

5.2 Einkommen- und Ertragsteuern des Gewinners

Spiel-, Sport-, Wett- und Lotteriegewinne unterliegen beim Empfänger im Grundsatz nicht der Einkommensteuer; sie fallen nicht unter eine der in § 2 EStG genannten Einkunftsarten.[100] Diese Gewinne stellen kein Entgelt für irgendeine Tätigkeit dar, so dass es an einer Teilnahme am wirtschaftlichen Verkehr fehlt.[101] Das gilt auch z.B. für den "`Berufsroulettespieler´, der seinen Lebensunterhalt durch Spielgewinne verdient, die er aufgrund eines ausgeklügelten, ggf. Computer gestützten Systems nachhaltig erzielt"[102].

Ein Steuerpflichtiger erzielt Einkünfte nach § 22 Nr. 3 EStG, sofern er "mit Einkunftserzielungsabsicht Gewinnchancen wahrnimmt, die ihm als Entgelt für eine eigene Leistung eingeräumt werden"[103], und hierbei der Rahmen einer privaten Tätigkeit nicht überschritten wird. Ist Letzteres nicht der Fall, ist der Steuerpflichtige Gewerbetreibender.[104]

Diese steuerliche Behandlung kann - je nach Standpunkt - als systemgerecht, aber auch als systemwidrig betrachtet werden. Aus der Sicht des geltenden Steuerrechts mit einer Einkommensteuer, welche im Grundsatz nur die aus erwerbswirtschaftlicher Tätigkeit erzielten Reinvermögenszugänge der Steuer unterwerfen will, stellen derartige Gewinne kein "Einkommen" dar. Es handelt sich aus dieser Sicht bei der Beteiligung an Spielen oder Wetten um Einkommensverwendung im privaten Bereich. Würde der Wett- oder Spieleinsatz als erwerbswirtschaftlicher Aufwand betrachtet, dann müssten sämtliche Einsätze als Betriebsausgaben oder Werbungskosten abziehbar sein – mit der vorhersehbaren Folge, dass der Staat nicht nur keine Einnahmen erzielt, sondern erhebliche Mindereinnahmen zu verzeichnen hat.

Das kann dann als unbefriedigend betrachtet werden, wenn man als Einkommen jeglichen realisierten Reinvermögenszugang, also nicht nur solchen aus er-

---

[100] Vgl. z.B. RFH v. 30.6.1927, RStBl 1927, S. 197; BFH v. 24.10.1969, IV R 139/68, BStBl II 1970, S. 411; Schmidt (Hrsg.), Einkommensteuergesetz, Kommentar, 24. Aufl., München 2005, Rz. 150 zu § 22, Stichwort "Spiel-, Sport-, Wett- und Lotteriegewinne".

[101] Vgl. BFH v. 16.9.1970, IR 133/68, BStBl II 1970, S. 865; Kirchhof, EStG, Kompaktkommentar, 5. Aufl., Heidelberg 2005, Rz. 35 zu § 22 u. Rz. 43 zu § 8.

[102] Schmidt-Liebig, StuW 1995, S. 169; zweifelnd generell bezüglich Berufs- und Falschspieler Schmidt (Hrsg.), Einkommensteuergesetz, Kommentar, 24. Aufl., München 2005, Rz. 150 zu § 22, Stichwort "Spiel-, Sport-, Wett- und Lotteriegewinne" m.w.N.

[103] Schmidt-Liebig, StuW 1995, S. 170.

[104] Vgl. Schmidt-Liebig, StuW 1995, S. 170 f.

werbswirtschaftlicher Tätigkeit, als "Einkommen" definiert.[105] Dann liegt beim Gewinner ein realisierter Reinvermögenszugang vor, der seine finanzielle Leistungsfähigkeit erhöht und deshalb der Besteuerung zu unterwerfen wäre. Das erscheint vor allem dann einleuchtend, wenn es sich um hohe Gewinne handelt, die ansonsten einem hohen progressiven Einkommensteuersatz unterliegen. Gegen diese Ansicht spricht – zumal bei der Spielbankabgabe – die Tatsache, dass weit mehr, als bei den einzelnen Gewinnern besteuert würde, bereits an der Quelle durch die Spielbankabgabe abgeschöpft wird.

Schließlich kann die Ansicht vertreten werden, es handele sich beim Spieleinsatz um privaten Konsum, welcher einer Verbrauchsteuer – in der Regel also der allgemeinen Umsatzsteuer – zu unterwerfen sei. Damit ist das gegenwärtige Kernproblem der Anpassung der deutschen Regelungen an das EU-Recht angesprochen.

---

[105] Aus dieser Sicht ist die geltende Erbschaft- und Schenkungsteuer, weil sie freigebige Zuwendungen bzw. Erwerbe von Todes wegen erfasst, eine besondere Form der Einkommensteuer. Siehe zu diesen Einordnungen Siegel/Bareis, Strukturen der Besteuerung, 4. Aufl., München/Wien 2004, S. 25, 55.

Literatur

BECKER, T. (2007): Der Markt für Glücksspiele und Wetten. In diesem Band, S. 1-23

BIRK D., JAHNDORF C. (2005): Wettbewerbswidrige Differenzierung einer Steuerbefreiung für innerhalb und außerhalb von öffentlichen Spielbanken veranstaltete Glücksspiele, in: Umsatzsteuer-Rundschau, S. 194-201.

DZIADKOWSKI D. (2002): Deutsche Spielbankabgabe und europäische Mehrwertsteuer, in: Internationales Steuerrecht, S. 590-592.

DZIADKOWSKI D. (2005): Rien ne va puls, in: Umsatzsteuer-Rundschau, S. 482-491.

GLANEGGER P./GÜROFF G. (2006): Gewerbesteuergesetz, Kommentar, 6. Aufl., München.

HEINZ, J./KOPP J./MAYER E. (1998): Verkehrssteuern, 4. Aufl., Achim.

HICKS, W. (1991): Steuerbare Tatbestände bei der Rennwett- und Lotteriesteuer, in: Umsatzsteuer- und Verkehrsteuer-Recht, S. 46-49.

HORN, H.-D. (2004): Zum Recht der gewerblichen Veranstaltung und Vermittlung von Sportwetten, in: Neue Juristische Woche, S. 2047-2055.

JANZ, N. (2003): Rechtsfragen der Vermittlung von ODDSET-Wetten in Deutschland, in: Neue Juristische Woche, S. 1694-1701.

KIRCHHOF, P. (2005), in: EStG: Kompaktkommentar, 5. Aufl., Heidelberg.

KORF, R. (2004): Die Brieftaube und das Gemeinschaftsrecht, in: Umsatzsteuer-Rundschau, S. 570-574.

KOKOTT, J., HENZE T. (2006): Die Beschränkung der zeitlichen Wirkung von EuGH-Urteilen in Steuersachen, in: Neue Juristische Woche, S. 177-183.

KREUTZ D. (2005): Staatliche Kontrolle und Beteiligung am Glücksspiel, München.

LAUKEMANN M., JUNKER M. (2000): Neues Spiel, neues Glück? – Zur strafrechtlichen Zulässigkeit von Lotterien und Ausspielungen im Internet, in: Zeitschrift für Medien- und Kommunikationsrecht, S. 254-257.

LEONARD, A., SZCZEKALLA, P. (2005): Anwendungsvorrang und Bestandskraft, in: Umsatzsteuer-Rundschau, S. 420-433.

MASLATON, M./SENSBURG, P. E. (2002): Lotteriesteuern in den neuen Medien – Ein altes Gesetz mit neuen Steuermöglichkeiten? -, in: Deutsche Steuer Zeitung, S. 24-27.

MÜLLER, C. (1972): Zulässigkeit von Preisausschreiben in der Werbung, in: Neue Juristische Wochen, S. 273-277.

PALANDT, O (2006): Bürgerliches Gesetzbuch, 65. Aufl., München.

RENGELING, H.-W./MIDDEKE, A./GELLERMANN M. (HRSG.) (2003): Handbuch des Rechtsschutzes in der Europäischen Union, 2. Aufl., München.

SENSBURG, P. E. (2002): Die Neuentdeckung der Lotterie? Grenzen der Lotteriesteuerpflichtigkeit bei Gewinnspielen, in: Betriebs-Berater, S. 126-129.

SENSBURG, P. E. (2006): ODDSET-Sportwetten: Veranstaltung im Inland oder Vermittlung im Ausland, in: Deutsche Steuer Zeitung, S. 189-193.

SIEGEL T./BAREIS P. (2004): Strukturen der Besteuerung, 4. Aufl., München/Wien.

STRNAD, O./WEIDT R. (2003): Zur Besteuerung von Rücklageerträge von Spielbanken, in: Der Betrieb, S.1763-1765.

SCHMIDT, L. (2005): Einkommensteuergesetz, Kommentar, 24. Aufl., München.

SCHMIDT-LIEBIG, A. (1995): Einkommensteuerbarkeit und Einkunftsqualifikation von Spiel – und ähnlichen Gewinnen – Anmerkungen zum Urteil des BFH v. 11.11.1993, XI R 48/91, in: Steuer und Wirtschaft, S. 162-172.

SCHMITZ E. (1951): Rennwett- und Lotteriesteuer für die Praxis, Düsseldorf.

TAUSCH, W./PLENKER J (2006): Änderungen durch die Gesetze zur Eindämmung missbräuchlicher Steuergestaltungen und zur Förderung von Wachstum und Beschäftigung, in: Der Betrieb, S. 800-808.

THYM, D./HECKLER, U (2005): Mehrwertsteuerpflicht für Glücksspielbetrieb außerhalb von Spielbanken europarechtswidrig, in: Europäische Zeitschrift für Wirtschaftsrecht, S. 210-214.

WALTER, H. (1972): Spielbankabgabe und Finanzverfassung, StuW, S. 225-230.

WIDMANN, W. (2005): Aktuelle Entwicklung bei der Umsatzsteuer, in: Deutsches Steuerrecht, S. 1161-1167.

Urteil des Reichsfinanzhofs

RFH v. 30.6.1927, VI A 261/27, RStBl 1927, S. 197.

Urteile des Bundesfinanzhofs

BFH v. 4.5.1951, II 2/51, BStBl III 1951, S. 128.

BFH v. 30.3.1955, II 88/54 U, BStBl III 1955, S. 156.

BFH v. 8.6.1961, II 115/57 U, BStBl III 1961, S. 553.

BFH v. 10.12.1970, V R 50/67, BStBl II 1971, S. 193.

BFH v. 2.2.1977, II R 11/74, BStBl II 1977, S. 495.

BFH v. 19.11.1959, II 95/56 S, BStBl III 1960, S. 176.

BFH v. 29.7.1953, II 120/53 U, BStBl III 1953, S. 258.

BFH v. 22.3.2005, II B 14/04, BFH/NV 2005, S. 1379.

BFH v. 8.3.1995, II R 10/83, BStBl II 1995, S. 432.

BFH v. 21.01.1954, V D 1/535, BStBl III 1954, S. 122.

BFH v. 6.11.2002, V R 7/02, UR 2003, S. 83.

BFH v. 12.05.2005, V R 7/02, UR 2005, S. 500.

BFH v. 19.11.1985, VIII R 310/83, BStBl II 1986, S. 719.

BFH v. 10.08.1972, IV R 81/66, BStBl II 1972, S. 801.

BFH v. 04.07.1968, IV R 77/67, BStBl II 1968, S. 718.

BFH v. 14.09.1967, V 4/65, BStBl II 1968, S. 244.

BFH v. 13.11.1963, GrS 1/62, BStBl III 1964, S. 190.

BFH v. 24.10.1984, I R 158/81, BStBl II 1985, S. 223.

BFH v. 14.03.1961, BStBl III 1961, S. 212.

BFH v. 19.11.1985, VIII R 310/83, BStBl II 1986, S. 719.

BFH v. 24.10.1969, IV R 139/68, BStBl II 1970, S. 411.

BFH v. 16.9.1970, IR 133/68, BStBl II 1970, S. 865.

Urteile des Bundesverfassungsgerichts

BVerfG v. 03.05.1967, 2 BvR 134/63, BVerfGE 22, S. 1.

BVerfG v. 19.7.2000, 1 BvH 539/96, BVerfGE 102, S. 197.

BVerfG v. 18.03.1970, 2 BvO 1/65, BVerfGE 28, S. 119.

Urteile des Europäischen Gerichtshofs

EuGH v. 17.2.2005, C 453/02 und C 462/02, EuZW 2005, S. 210.

EuGH v. 11.6.1998, C-283/95 (Fischer), UR 1998, S. 384.

Urteile der Finanzgerichte

FG Niedersachen v. 09.11.1984, II – 216/82, EFG 1985, S. 78.

FG Köln v. 29.01.1993, 3-K-4033/90, EFG 1993, S. 594.

Der deutsche Glücksspielmarkt im Jahr 2006

Tilman Becker und Dietmar Barth[1]

Das Jahr 2006 war von einer Reihe sehr wichtiger Ereignisse für den Glücksspielmarkt geprägt.

1 Urteil des Bundesverfassungsgerichts vom 28. März 2006

Das wichtigste Ereignis für den Glücksspielmarkt in Deutschland im Jahr 2006 dürfte das Urteil des Bundesverfassungsgerichts gewesen sein. Die obersten Bundesrichter in Karlsruhe entschieden am 28. März, dass das Monopol des staatlichen Sportwettenanbieters ODDSET in der derzeitigen Form verfassungswidrig ist. Das bestehende Wettmonopol sei in einer Art und Weise ausgestaltet, die eine effektive Suchtbekämpfung, die den Ausschluss privater Veranstalter rechtfertigen könnte, nicht sicherstellt. Ein verfassungsmäßiger Zustand könne "sowohl durch eine konsequente Ausgestaltung des Wettmonopols erreicht werden, die sicherstellt, dass es wirklich der Suchtbekämpfung dient, als auch durch eine gesetzlich normierte und kontrollierte Zulassung gewerblicher Veranstaltung durch private Wettunternehmen." Nach Ansicht des Bundesverfassungsgerichts hat sich ein staatliches Monopol "konsequent am Ziel der Bekämpfung der Suchtgefahren auszurichten". Dem Gesetzgeber stehen zwei Optionen offen: das staatliche Monopol oder eine Zulassung privater Anbieter. Das Bundesverfassungsgericht gibt dem Gesetzgeber bis Ende 2007 Zeit, einen verfassungsgemäßen Zustand herzustellen.

Der Europäische Gerichtshof lässt den EU-Mitgliedsländern eine weitgehende Freiheit, ob und wie der nationale Glücksspielmarkt von einem Mitgliedstaat reguliert wird. Wenn jedoch ein Mitgliedstaat den nationalen Glücksspielmarkt reguliert, so darf dies nur aus "zwingenden Gründen des Allgemeininteresses" erfolgen. Die Erzielung von Einnahmen, selbst wenn diese für gemeinnützige und wohltätige Zwecke verwandt werden, darf nur eine nützliche Nebenfolge, nicht aber der eigentliche Grund der betriebenen restriktiven Politik sein. Auch die Betrugsbekämpfung ist kein Grund, private (EU-ausländische) Anbieter von

---

[1] Prof. Dr. Tilman Becker ist Inhaber des Lehrstuhls für Agrarpolitik und Landwirtschaftliche Marktlehre an der Universität Hohenheim und seit 2005 Geschäftsführender Leiter der Forschungsstelle Glücksspiel.
Mag. Dietmar Barth ist seit 2005 Doktorand am Lehrstuhl für Agrarpolitik und Landwirtschaftliche Marktlehre – Forschungsstelle Glücksspiel.

dem Markt auszuschließen, weil (EU-ausländische) Wettanbieter in ihrem Heimatland den dortigen Kontroll- und Sanktionsmöglichkeiten unterliegen. Ein staatliches Monopol ist nach der Rechtsrechung des Europäischen Gerichtshofs nur dann zu rechtfertigen, wenn dieses Monopol nach seiner gesetzlichen und tatsächlichen Ausgestaltung „kohärent und systematisch" zur Begrenzung der Spiel- und Wetttätigkeit beiträgt und "nicht über das hinausgeht, was zur Erreichung dieses Ziels erforderlich ist".

Während der Europäische Gerichtshof noch generell zwingende Gründe des Allgemeininteresses als Begründung für ein staatliches Monopol akzeptiert, stellt das Bundesverfassungsgericht die Spielsucht in den Vordergrund und ist der Meinung, dass bei einem staatlichen Monopol die "wirkliche Ausrichtung an der Bekämpfung und Begrenzung von Wettsucht und problematischem Spielverhalten" erkennbar sein muss und, dass Wetten nicht wie eine "grundsätzlich unbedenkliche Freizeitbeschäftigung" vermarktet werden dürfen.

Das Bundesverfassungsgericht kommt zu dem Ergebnis, dass der Vertrieb von ODDSET nicht aktiv an einer Bekämpfung von Spielsucht und problematischem Spielverhalten ausgerichtet ist: "Das tatsächliche Erscheinungsbild entspricht vielmehr dem der wirtschaftlich effektiven Vermarktung einer grundsätzlich unbedenklichen Freizeitbeschäftigung". "Die Werbung für das Wettangebot hat sich zur Vermeidung eines Aufforderungscharakters bei Wahrung des Ziels, legale Wettmöglichkeiten anzubieten, auf eine Information und Aufklärung über die Möglichkeit zum Wetten zu beschränken. Die Einzelausgestaltung ist an dem Ziel der Suchtbekämpfung und damit verbunden des Spielerschutzes auszurichten". Es werden hieraus vom Bundesverfassungsgericht folgende Konsequenzen gezogen: "Daher sind bis zu einer Neuregelung die Erweiterung des Angebots staatlicher Wettveranstalter sowie eine Werbung, die über sachliche Information zur Art und Weise der Wettmöglichkeit hinausgehend gezielt zum Wetten auffordert, untersagt. Ferner hat die Staatliche Lotterieverwaltung umgehend aktiv über die Gefahr des Wettens aufzuklären." Dadurch, dass der Vertrieb vor allem über Zeitschriften- und Tabakläden stattfindet, wird die Möglichkeit zum Sportwetten zu einem allerorts verfügbaren "normalen" Gut des täglichen Lebens. Nicht nur die Werbung und die Art und Weise des terrestrischen Vertriebs wird vom Bundesverfassungsgericht kritisch gesehen, sondern auch die Möglichkeit der Wettteilnahme über das Internetangebot der Staatlichen Lotterieverwaltung. Hier wäre zumindest ein effektiver Jugendschutz sicher zu stellen.

Die staatlichen Anbieter reagierten im Verlauf des Jahres auf das Bundesverfassungsgerichtsurteil mit den folgenden Maßnahmen:

- Begrenzung des Wettangebots: die staatlichen Lotteriegesellschaften, die ODDSET anbieten, bieten weiterhin nur Top- oder Kombiwetten an, und die Wettmöglichkeit über SMS wird eingestellt.

- Einschränkung des Vertriebs: Bei ODDSET soll zukünftig nur mehr mit einer Kundenkarte gewettet werden. Damit will man das „anonyme Wetten" abschaffen. Durch diese Identifizierungsmaßnahme kann eine Sperrmöglichkeit von Spielern erreicht werden, deren Wettverhalten auf mögliche Spielsucht hinweist oder die sich selbst sperren lassen.

- Einschränkung der Werbung: ODDSET stellte mit sofortiger Wirkung die Fernsehwerbung sowie die Bandenwerbung in den Stadien ein. Die Rundfunkwerbung wurde eingestellt. Ebenso wurden die derzeitigen Werbeaussagen hinsichtlich ihrer Zulässigkeit überprüft und ebenfalls eingestellt, wenn sie sich nicht ausschließlich an der sachlichen Information zur Art und Weise der Wettmöglichkeiten orientieren. Des Weiteren wurde zur Gänze auf die Trikotwerbung verzichtet.

- Einstellung der Möglichkeiten der Spielteilnahme über das Internet: Die staatlichen Lotteriegesellschaften, die ODDSET anbieten, stellen diese Möglichkeit der Teilnahme über das Internet ein, mit Ausnahme von Lotto Niedersachsen.

- Maßnahmen zur Suchbekämpfung: Die Tippscheine wurden überarbeitet und mit einem Hinweis auf die Suchtgefahr von Sportwetten versehen. In allen Annahmestellen wird Informationsmaterial mit Hinweisen auf Suchtberatungsstellen ausgelegt. Darüber hinaus wird das Personal in den Annahmestellen auf die Erkennung von Suchtgefährdeten geschult. Zusätzlich wird das bestehende Sozialkonzept für Suchtgefährdete in Zusammenarbeit mit Suchtberatungseinrichtungen ausgebaut.

Neben den staatlichen Lottogesellschaften der Bundesländer gibt es private Anbieter von Sportwetten. Hier sind vor allem zwei Gruppen zu unterscheiden: die privaten Anbieter, die sich auf eine so genannte "DDR-Lizenz" stützen und die privaten Anbieter, die sich auf eine Lizenz berufen, die von einem anderen Land der Europäischen Union erteilt wurde.

In Deutschland operieren vier Wettanbieter mit einer Konzession aus der ehemaligen DDR, dazu zählen: betandwin, welches im Lauf des Jahres seinen Namen in bwin geändert hat, Interwetten, Sportwetten Gera und digibet, welches in Deutschland unter wetten.de firmiert. Diese Unternehmen haben sich vor 1990 von den Gewerbeämtern der ehemaligen DDR eine Lizenz für Sportwetten gesichert. Es ist eine strittige Frage, ob sich durch Artikel 19 des Einigungsvertrages die Gültigkeit dieser Lizenzen auf das gesamte Bundesgebiet bzw. wie sich diese DDR-Gewerbeerlaubnisse in das Monopol übertragen lassen. Diese privaten Wettanbieter haben ihren steuerlichen Sitz in EU-Steueroasen, wie Gibraltar (bwin und digibet) oder Malta (Interwetten, Sportwetten Gera) und müssen dort, im Gegensatz zu ODDSET in Deutschland, keine Wettsteuer und dergleichen abführen. Dadurch sind diese privaten Wettanbieter in der Lage, bessere Wettquoten sowie höhere Gewinnausschüttungen als ODDSET an die Spieler weiterzugeben.

Das staatliche Unternehmen ODDSET erzielt keinen Gewinn. Von den eingenommen Wettumsätzen führt ODDSET 16,67% Lotteriesteuer und 15 - 20% Konzessionsabgaben[2] (je nach Bundesländern unterschiedlich geregelt) an die jeweiligen Landeshaushalte ab. Durch diese Abgaben kann ODDSET lediglich ca. 58%[3] der Wetteinsätze wieder ausschütten - im Gegensatz zu den privaten Wettanbietern, die etwa 90%[4] der Einsätze wieder ausschütten. Die ungleichen Ausschüttungsquoten führen dazu, dass die privaten Anbieter attraktivere Wettquoten als ODDSET anbieten können und dadurch Marktanteile gewinnen konnten. Das Bundesverfassungsgericht ist nicht auf die Frage eingegangen, wie die privaten Wettanbieter, die sich auf eine so genannte „DDR-Lizenz" stützen und hauptsächlich im Internet agieren, rechtlich zu beurteilen sind. Das Jahr 2006 stand daher im weiteren Verlauf im Zeichen der Auseinandersetzung um die Rechtmäßigkeit dieser privaten Anbieter.

2 Lage der privaten Anbieter mit einer DDR-Lizenz

In seinem Sportwettenurteil hat das BVerfG die DDR-Lizenzen angesprochen, es aber verabsäumt, sich mit der rechtlichen Situation der Lizenzinhaber in dem vorgesehenen Glücksspielmonopol zu befassen. Noch im letzten Jahr hatte das Bundesverwaltungsgericht (BVerwG) die Gültigkeit dieser Lizenzen auch nach der Wiedervereinigung bestätigt[5]. Doch weiterhin unklar war die räumliche Reichweite, das heißt ob die DDR-Lizenzen nur in dem Bundesland gelten, in dem sie damals genehmigt wurden oder ob sie im gesamten Bundesgebiet ihre Wirkung entfalten.

---

[2] Zahlen aus Jahresberichten des Deutschen Lotto-Toto-Blocks
[3] Aus dem Jahresbericht der Westdeutschen Lotterie GmbH & Co. KG, S. 27
[4] Eigene Berechnungen
[5] Beschluss vom 20.10.2005 - 6 B 52.05

Am 21. Juni entschied das Bundesverwaltungsgericht, dass eine DDR-Lizenz in den alten Bundesländern keine Geltung besitzt, ließ jedoch ausdrücklich offen, ob dies auch für die neuen Bundesländer der Fall ist[6].

Leitsatz: „Das Veranstalten von Sportwetten durch private Wettunternehmen und die Vermittlung derartiger Wetten, die nicht vom Freistaat Bayern veranstaltet werden, dürfen derzeit in Bayern ordnungsrechtlich unterbunden werden. Eine von einem Hoheitsträger in der früheren DDR erteilte gewerberechtliche Erlaubnis zur Veranstaltung von Sportwetten rechtfertigt es nicht, in Bayern solche Wetten zu veranstalten oder zu vermitteln."

Dabei wurde die Frage gestellt, ob eine private Vermittlerin von Bayern aus Sportwetten an Sportwetten Gera nach Thüringen vermitteln darf. Das dies verboten sei, ist bereits vom BVerfG Sportwettenurteil hervorgegangen. Jedoch ist davon die Frage zu unterscheiden, ob eine DDR-Lizenz dazu berechtigt Sportwetten mit allen Kommunikationsmitteln bundesweit zu vertreiben. Denn das BVerwG hatte in seinem Urteil lediglich entschieden, dass die DDR-Lizenz von Sportwetten Gera nicht dazu berechtigt, in Bayern Sportwetten anzunehmen und diese dann nach Thüringen zu vermitteln. Nicht beantwortet wurden die Fragen, ob dieses Verbot auch den bundesweiten Internetvertrieb von Sportwetten betrifft und welche Reichweite eine DDR-Lizenz in den neuen Bundesländern hat. Dabei gab das BVerwG auch zu Bedenken, dass es den Freistaat Thüringen noch gar nicht gab, als Sportwetten Gera die Sportwettenerlaubnis von dem jeweiligen Gewerbeamt der DDR zugesprochen bekam. Ähnlich verhält es sich bei dem Anbieter digibet, der damals die Gewerbeerlaubnis noch von einer Behörde aus Ost-Berlin erhielt. Streng juristisch gesehen müsste der Rechtsnachfolger, das Land Berlin, wieder zwischen Ost und West unterscheiden, um die rechtliche Ordnung bei Sportwetten einzuhalten.

Aus dem Artikel 19 des Einheitsvertrages folgt, dass die Inhaber einer DDR-Lizenz Sportwetten im gesamten Bundesgebiet vertreiben und diese nicht nur an Personen mit Wohnsitz in den neuen Ländern anbieten dürfen. Danach ist der räumliche Geltungs- und Anwendungsbereich der Erlaubnisse in gleicher Weise auf das gesamte Staatsgebiet des wiedervereinigten Deutschland vergrößert worden, wie dies bei Gewerbeerlaubnisse der alten Bundesländer aufgrund der Gewerbeordnung der Fall war und ist.[7]

Das BVerfG stellte aber in seinem Urteil fest, dass es Privatpersonen nach dem Lotteriestaatsvertrag von 2004 nicht erlaubt ist, gewerbemäßig Sportwetten vertreiben zu dürfen und das es lediglich den Ländern bzw. den Landesgesellschaften vorbehalten ist, eine Befreiung von diesem Verbot zu erlassen. Dadurch

---
[6] Urteil vom 21.06.2006 – 6 C 19.06
[7] Vgl. Scholz/Weidemann, S. 92

stützt sich das BVerfG in seinem Urteil darauf, dass die Sportwettenerlaubnisse nicht Gewerbeerlaubnissen für Privatpersonen aufgrund der Gewerbeordnung, sondern den Befreiungs-Verwaltungsakten der Bundesländer bzw. Landesgesellschaften inhaltlich entsprechen.[8]

Somit war es nur mehr eine Frage der Zeit, bis die Ordnungsbehörden in den alten Ländern gegen die Inhaber von DDR-Lizenzen verwaltungsrechtlich vergehen. Gleichzeitig wurde durch dieses Urteil ODDSET als einzig bundesweiter legaler Anbieter von Sportwetten anerkannt.

Am 10.8. hatte der Freistaat Sachsen eine Untersagungsverfügung gegen die Unternehmen betandwin e.k. in Neugersdorf und die bwin.com Interactive Entertainment AG in Wien erlassen. Der betandwin e.K. wurde das Veranstalten und Vermitteln von Sportwetten sowie die Werbung hierfür in Sachsen untersagt. Das Vorgehen des sächsischen Innenministeriums im Sofortvollzug und unter Androhung von Zwangsmaßnahmen ließ sich als Konsequenz des Urteils des BVerfG vom 28.03 ableiten. Das Verbot gilt für alle privaten Wettanbieter, unabhängig davon, ob sich der Anbieter auf eine Genehmigung aus Gibraltar oder auf eine DDR-Lizenz stützt. In Sachsen dürfe nur der Freistaat selbst Sportwetten anbieten. Bwin kündigte auf den Konzessionsentzug eine Klage auf Schadenersatz in Höhe von 500 Millionen Euro gegen den Freistaat Sachsen an.

Am 13.9. untersagte auch das Land Hessen den Unternehmen betandwin e.k. in Neugersdorf, bwin International Ltd. in Gibraltar und der bwin Interactive Entertainment AG in Wien jedes Anbieten und die Werbung von Sportwetten und anderen Glücksspielen in Hessen. Dies wurde durch eine dementsprechende Verfügung vom zuständigen Regierungspräsidium Darmstadt verabschiedet. Seither hat der private Wettanbieter einen Disclaimer auf ihren Webseiten bwin.com und bwin.de angebracht, der die Kunden darauf Aufmerksam macht, dass Wettabgaben im Internet von Hessen aus verboten sind.

Zuvor hatten schon die die Regierung in Mittelfranken eine Allgemeinverfügung erlassen, in der sie Werbung für Sportwetten im Internet in Bayern ordnungsrechtlich verbietet[9]. „Verboten ist die Werbung für in Bayern illegale Sportwetten auf Internetseiten, die im Gebiet des Freistaates Bayern aufgerufen werden können. Sportwetten sind in Bayern illegal, wenn sie nicht durch die Bayerische Staatliche Lotterieverwaltung veranstaltet werden."

Auch Nordrhein-Westfalen hatte am 22.5. durch die Bezirksregierung Düsseldorf eine Allgemeinverfügung gegen Sportwetten im Internet erlassen.[10]

---

[8] Vgl. Scholz/Weidemann, S. 92
[9] Allgemeinverfügung vom 11.08.2006, DSA-1217-01/06
[10] Allgemeinverfügung vom 22.05.2006, ohne Aktenzeichen

„Die Werbung für Sportwetten, die nicht von der Westdeutschen Lotterie GmbH & Co OHG (WestLotto) angeboten werden, im Internet auf der Homepage eines Inhaltsanbieters mit Sitz in Nordrhein-Westfalen wird hiermit untersagt." Kurz darauf entschied jedoch das Verwaltungsgericht in Köln, dass die Werbung im Internet für Sportwetten von Anbietern mit einer Konzession aus einem Land der EU in Nordrhein-Westfalen erlaubt ist. Gleichzeitig bestätigte das Gericht das Verbot von Internetwerbung für Veranstalter, die lediglich eine DDR-Lizenz besitzen[11]. Schon im Juni hatte dasselbe Gericht beschlossen, dass eine noch nach DDR-Recht erteilte Sportwetten-Lizenz keine Wirkung im Bundesland Nordrhein-Westfalen entfaltet[12].

Die privaten Wettanbieter reagierten auf das bundesweite Verbot der DDR-Lizenzen und rechtfertigten ihr legales Auftreten in Deutschland damit, dass sie neben der DDR-Genehmigung auch über eine Konzession aus einem anderen EU-Land besäßen (z.b. Österreich, Gibraltar oder Malta). Dabei berufen sie sich auf das so genannte Gambelli-Urteil des Europäischen Gerichtshofs (EuGH), das besagt, dass ein Beharren des Staates auf ein Monopol im Bereich von Sportwetten eine Beschränkung der Niederlassungsfreiheit und des freien Dienstleistungsverkehrs bedeutet.

Das staatliche Angebot der Lottogesellschaften wird nicht nur von diesen selber angeboten, sondern es gibt hier seit Jahren gewerbliche Spielvermittler für dieses Angebot. Bereits vor Jahren gab es hier rechtliche Auseinandersetzungen um die Zulässigkeit dieser privaten Vermittler. Diese Auseinandersetzungen zwischen den staatlichen Anbietern und den privaten Vermittlern war ein weiterer Schwerpunkt im Jahr 2006.

3 Beschluss des Bundeskartellamtes vom 28. August 2006

Das neben der Entscheidung des Bundesverfassungsgerichts zweite wichtige Ereignis im Jahr 2006 war der Beschluss des Bundeskartellamtes vom 28. August. Bereits im Mai hatte das Bundeskartellamt die staatlichen Lottogesellschaften abgemahnt. Nach Ansicht des Bundeskartellamtes stellt die im April 2005 beschlossene Aufforderung des Rechtsausschusses des Deutschen Lotto- und Totoblocks an alle Gesellschaften des Deutschen Lotto- und Totoblocks, durch terrestrische Vermittlung gewerblicher Spielvermittler erzielte Spielumsätze nicht anzunehmen, einen nicht zu duldenden Verstoß sowohl gegen deutsches als auch gegen europäisches Kartellrecht dar. Auch die Vereinbarung der Lottogesellschaften im Blockvertrag, Lotterien und Sportwetten jeweils nur in

---

[11] Beschluss vom 11.08.2006, 6 L 736/06
[12] Urteil vom 22.06.2006, 1 K 2231/04

dem Bundesland anzubieten, in dem sie eine Genehmigung haben (sog. Regionalitätsprinzip) verstößt nach Ansicht des Bundeskartellamtes gegen deutsches und europäisches Wettbewerbsrecht. Und drittens, die Information der Bundesländer über den von gewerblichen Spielvermittlern stammenden Anteil an der Summe der Spieleinsätze und der vereinnahmten Bearbeitungsgebühren sowie die darauf entfallende Gewinnausschüttung und das Bearbeitungsentgelt durch die Lottogesellschaften zum Zweck der Aufteilung der Spieleinsätze unter den Bundesländern ist ein Verstoß gegen europäisches und deutsches Kartellrecht. Mit diesem Beschluss des Kartellamtes wurde ein Konflikt zwischen Wettbewerbsrecht, vertreten durch das Kartellamt und Ordnungsrecht, wie dem Urteil des Bundesverfassungsgericht zu Grunde gelegt, offenkundig.

4 Entwurf eines neuen Staatsvertrages vom 14. Dezember 2006

Das dritte wichtige Ereignis im Jahr 2006 war dann der Entwurf eines neuen Staatsvertrags. Die Vorgaben des Bundesverfassungsgerichts gelten primär für Sportwetten und das Bundesland Bayern - wurden durch Gerichtsurteile aber auch für verschiedene andere Bundesländer anwendbar erklärt. Dieser generelle Regulierungsbedarf bei Sportwetten hat die Bundesländer veranlasst, über einen neuen Staatsvertrag nachzudenken. Der vorliegende Entwurf des Staatsvertrags zum Glücksspielwesen in Deutschland vom 14.12.2006 ist der Versuch, eine, in den Worten des Europäischen Gerichtshofs, "kohärente und systematische" Regulierung für den gesamten Glücksspielsektor zu finden. Diese Regulierung muss, nach europäischer Rechtsprechung, nicht nur kohärent, sondern auch verhältnismäßig sein. Eine kohärente Regelung im Sinne des Spielerschutzes bedeutet, dass diejenigen Formen des Glücksspiels, die ein vergleichbar hohes Gefährdungspotential haben, nicht weniger streng reguliert werden dürfen, als die Formen des Glücksspiels mit vergleichsweise geringem Gefährdungspotential.

15 der 16 Ministerpräsidenten einigten sich darauf, dass in Deutschland für weitere vier Jahre ein staatliches Sportwetten- und Glücksspielmonopol gelten soll. Gegen die Stimme von Schleswig-Holstein wurde beschlossen, dass der Vertrag im nächsten Jahr von dem Beschluss fassenden Länderparlamenten im Umlaufverfahren unterzeichnet und gegenüber der EU-Kommission notifiziert werden soll. Der Vertrag tritt dann in Kraft wenn 13 der 16 Länder ihn bis zum 31.12.2007 ratifizieren und unterzeichnen.

Somit bleiben Lotterien, Sportwetten, Spielbanken und sonstiges Glücksspiel weiterhin Sache der Länder. Die besonders suchtrelevanten Glücksspielautomaten werden im neuen Staatsvertrag nicht geregelt, sondern bleiben Angelegenheit des Bundes. Doch in den Erläuterungen zum Staatsvertrag gehen die Länder davon aus, dass der Bund aus den Feststellungen im Urteil des Bundesverfassungsgerichts für das gewerbliche Spiel in Spielhallen und Gaststätten die Konsequenzen zieht und in gleicher Weise wie der Staatsvertrag die notwendigen Bedingungen zum Schutz der Spieler und zur Vermeidung und Bekämpfung der Spielsucht sicherstellt.

Der Staatsvertrag stellt eine Reihe von Anforderungen im verhaltensbezogenem und im strukturellen Bereich. Die Werbung hat sich auf Information und Aufklärung über die Möglichkeiten zum Glücksspiel zu beschränken. Die Werbung für öffentliches Glücksspiel ist im Fernsehen, im Internet sowie über Telekommunikationsanlagen verboten. Die Veranstalter und Vermittler von öffentlichen Glücksspielen sind verpflichtet, die Spieler zu verantwortungsbewusstem Spiel anzuhalten und der Entstehung von Glücksspielsucht vorzubeugen. Die Veranstalter und Vermittler von öffentlichen Glücksspielen haben über die Wahrscheinlichkeit von Gewinn und Verlust, die Suchtrisiken der von ihnen angebotenen Glücksspiele, das Verbot der Teilnahme Minderjähriger und Möglichkeiten der Beratung und Therapie aufzuklären. Lose, Spielscheine und Spielquittungen müssen Hinweise auf die von dem jeweiligen Glücksspiel ausgehende Suchtgefahr und Hilfsmöglichkeiten enthalten. Die Veranstalter und die Vermittler haben sicherzustellen, dass Minderjährige von der Teilnahme ausgeschlossen sind. Das Veranstalten und das Vermitteln öffentlicher Glücksspiele im Internet ist verboten. Zum Schutz der Spieler und zur Bekämpfung der Glücksspielsucht sind die Spielbanken und die Veranstalter verpflichtet, ein übergreifendes Sperrsystem zu unterhalten. Eine Glücksspielaufsicht ist einzurichten. Aus dem Staatsvertrag ergeben sich für die Glücksspielaufsicht folgende Aufgaben:

- die Erfüllung der nach diesem Staatsvertrag bestehenden oder auf Grund dieses Staatsvertrages begründeten öffentlich-rechtlichen Verpflichtungen zu überwachen,

- darauf hinzuwirken, dass unerlaubtes Glücksspiel und die Werbung hierfür unterbleiben,

- für die Entwicklung und Umsetzung von Sozialkonzepten zu sorgen,

- Kredit- und Finanzdienstleistungsinstituten die Mitwirkung an Zahlungen für unerlaubtes Glücksspiel und an Auszahlungen aus unerlaubtem Glücksspiel untersagen,

- Diensteanbietern im Sinne des Teledienstegesetzes die Mitwirkung am Zugang zu unerlaubten Glücksspielangeboten zu untersagen.

Die Glücksspielaufsicht darf nicht durch eine Behörde ausgeübt werden, die für die Finanzen des Landes oder die Beteiligungsverwaltung der Veranstalter zuständig ist. Die Erlaubnis zur Einführung neuer Glücksspielangebote durch die Veranstalter setzt voraus, dass der Fachbeirat zuvor die Auswirkungen des neuen Angebotes auf die Bevölkerung untersucht und bewertet hat und der Veranstalter im Anschluss an die Einführung dieses Glücksspiels der Erlaubnisbehörde über die sozialen Auswirkungen des neuen Angebotes berichtet. Der neu zu etablierende Fachbeirat setzt sich aus Experten in der Bekämpfung der Spielsucht zusammen. Die Länder stellen die wissenschaftliche Forschung zur Vermeidung und Abwehr von Suchtgefahren durch Glückspiele sicher. Die Auswirkungen des Staatsvertrages sind von den Glücksspielaufsichtsbehörden der Länder unter Mitwirkung des Fachbeirats zu evaluieren.

5 Sportwetten Übersichtskarten

Nachstehend sind zwei Deutschlandkarten eingezeichnet, in denen die unterschiedliche Rechtlage bezüglich der Sportwettenurteile in allen Bundesländern gezeigt wird.

Abbildung 1 zeigt die Urteile der Verwaltungs- und Verfassungsgerichtsbarkeit in den unterschiedlichen Bundesländern. In den dunkelgrau gefärbten Bundesländern sind private Sportwetten verwaltungs- bzw. verfassungsrechtlich verboten. Hingegen ist in den hellgrau eingezeichneten Ländern noch kein höchstrichterliches Urteil gefallen.

In Abbildung 2 sind hingegen die Urteile der Strafgerichtsbarkeit in den Bundesländern eingezeichnet. Hier zeigen die mittelgrau gefärbten Bundesländern, dass die Zulassung nicht staatlich konzessionierter Sportwetten strafrechtlich nicht geahndet wird. In den dunkelgrau gezeichneten Ländern sind sie auch strafrechtlich verboten. Hellgrau bedeutet wieder, dass in diesen Bundesländern kein entsprechendes Urteil vorliegt.

In den Abbildungen angegeben sind auch das jeweilige Aktenzeichen des Urteils-/Beschlusstext bzw. der entsprechenden Veröffentlichung des Gerichts.

Zu beachten ist noch, dass in diesen Karten nur Urteile und Beschlüsse eingeflossen sind, gegen die im jeweiligen Bundesland kein Rechtsmittel mehr möglich ist.

Alle Angaben ohne Gewähr.

Abb. 1: Urteile der Verwaltungs- und Verfassungsgerichtsbarkeit
(Stand: 02.01.2007)

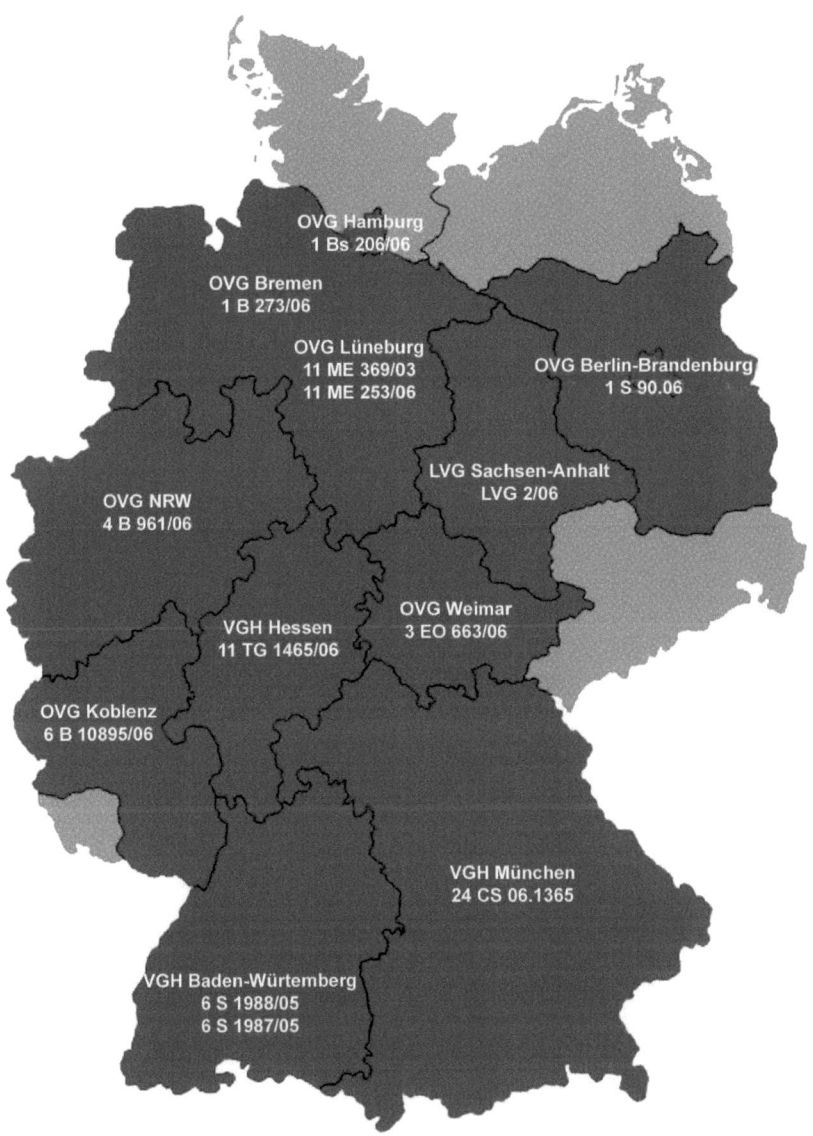

Quelle: http://www.isa-casinos.de/data/16278.html

Abb. 2: Urteile der Strafgerichtsbarkeit (Stand: 11.12.2006)

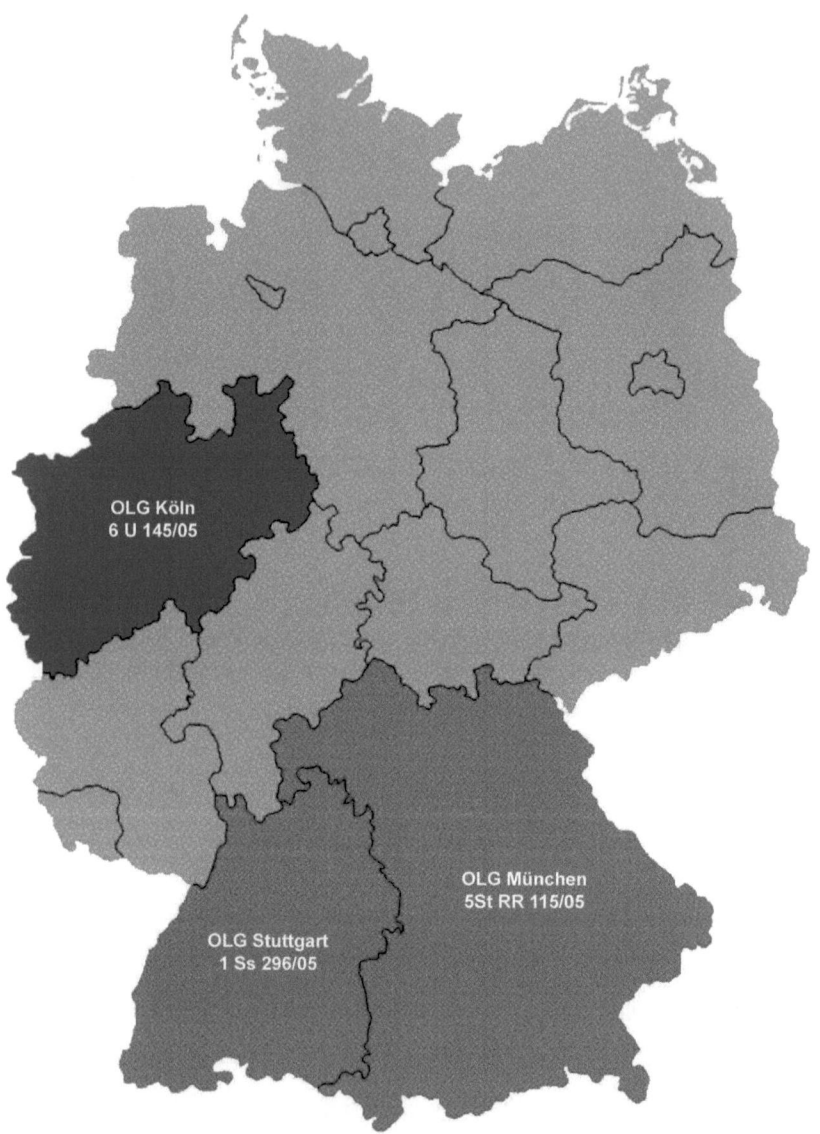

Quelle: http://www.isa-casinos.de/data/16278.html

6 Ausblick

Das Jahr 2007 wird spannend. Wird der Staatsvertrag in der vorliegenden Form von den Ländern gebilligt? Wird die Teilnahme an Glücksspiel über das Internet tatsächlich unterbunden?

Literatur

DR. SCHOLZ R/DR. WEIDEMANN C (April 2007) : Die bundesweite Tatbestandsentwicklung von DDR-Sportwettenerlaubnissen und ihre Konsequenz für den geplanten Glücksspielstaatsvertrag – Zur Kritik des BVerwG-Urteils vom 21. Juni 2006, in ZfWG – Zeitschrift für Wett- und Glücksspielrecht, Seite 83 - 92

GESCHÄFTSBERICHT 2005, Westdeutsche Lotterie GmbH & Co. KG

Rechtsquellen

Bundesverwaltungsgericht, Beschluss vom 20.10.2005, 6 B 52.05, Urteil vom 21.06.2006, 6 C 19.06

Bezirksregierung Düsseldorf, Allgemeinverfügung vom 22.05.2006, ohne Aktenzeichen

Verwaltungsgerichts Köln, Urteil vom 22.06.2006, 1 K 2231/04, Beschluss vom 11.08.2006, 6 L 736/06

Regierung Mittelfranken, Allgemeinverfügung vom 11.08.2006, DSA – 1217/1/06

Zu den Autoren

Prof. Dr. Peter Bareis, Universität Hohenheim

Peter Bareis, geb. 11. August 1940 in Pforzheim, studierte Ökonomie und Wirtschaftspädagogik in Mannheim, St. Gallen und Berlin. Es folgten ein Steuerberaterexamen, Dr. rer. pol. und die Habilitation für Betriebswirtschaftslehre. 1970-1986 war er Professor für Betriebswirtschaftslehre und Betriebswirtschaftliche Steuerlehre an der Freien Universität Berlin. Prof. Bareis war von 1987 bis 2005 Inhaber des Lehrstuhls für Betriebswirtschaftliche Steuerlehre und Prüfungswesen der Universität Hohenheim. Weitere Tätigkeitsfelder: Gutachtertätigkeiten als Steuerberater, ehrenamtlicher Richter (Beisitzer) beim BGH in Berufsrechtsangelegenheiten der Steuerberater, mehrjährige ehrenamtliche Tätigkeit für die Ev. Kirche in Berlin, ehemaliger Vorsitzender der Ende 1993 vom BMF eingesetzten "Einkommensteuer-Kommission". Wissenschaftlichen Schwerpunkte und Publikationen: Ökonomische Analyse des Steuerrechts, Steuerplanung, Bilanz nach Handels- und Steuerrecht, Besteuerung der Gesellschaften. Er ist Ende des Sommersemesters 2005 in den Ruhestand getreten.

Mag. Dietmar Barth, Universität Hohenheim

Mag. Dietmar Barth wurde am 15.08.1974 in Wels/Österreich geboren und studierte Volkswirtschaft an der Universität Linz/Österreich. Er arbeitet seit 2005 als Doktorand von Prof. Dr. Tilman Becker an der Universität Hohenheim. Sein Forschungsschwerpunkt liegt im Bereich Sportwetten.

Prof. Dr. Tilman Becker, Universität Hohenheim

Prof. Dr. Tilman Becker wurde 1954 in Tuttlingen geboren. Er studierte Agrarwissenschaften an der Georg-August-Universität Göttingen und an der Agrarwissenschaftlichen Fakultät der Christian-Albrechts-Universität Kiel, Fachrichtung Wirtschafts- und Sozialwissenschaften des Landbaues.1989 erlangte er den Doktortitel der Agrarwissenschaften, Fachrichtung Wirtschafts- und Sozialwissenschaften des Landbaues. 1990 bis 1991 folgte ein einjähriger Aufenthalt an der Universität von Kalifornien in Berkeley, USA und 1993 die Berufung auf eine Professur für Marktlehre an der Universität Göttingen. Seit April 1997 ist er Professor für "Agrarmärkte und Agrarmarketing" und seit 2002 auch Geschäftsführender Direktor am Institut für Agrarpolitik und Landwirtschaftliche Marktlehre an der Universität Hohenheim. Prof. Becker ist seit Gründung der Forschungsstelle Glücksspiel deren Geschäftsführender Leiter. Seit 2005 ist er

Mitglied im Wissenschaftlichen Beirat für Verbraucher- und Ernährungspolitik beim Bundesministerium für Ernährung, Landwirtschaft und Verbraucherschutz. Aus seinen Tätigkeitsfeldern ergibt sich die Expertise Prof. Beckers in den Bereichen Verbraucherverhalten und Märkte. Seine Forschungsschwerpunkte im Bereich Glücksspiel sind die Bestimmungsgründe für die Teilnahme von Verbrauchern an Glücksspielen, insbesondere auch des pathologischen Spielverhaltens, der Markt für Glücksspiel und dessen Regulierung.

Prof. Dr. Rolf Caesar, Universität Hohenheim

Rolf Caesar ist 1944 geboren. Er promovierte 1970 an der Universität Köln. 1970-1974 war Caesar Wissenschaftlicher Mitarbeiter und Vorstandsassistent der Westdeutschen Landesbank Girozentrale, Düsseldorf. 1974-1984 war er als Wissenschaftlicher Assistent an der Universität Köln tätig. 1979 erfolgte die Habilitation (Univ. Köln). Von 1984-1992 war er Professor für Volkswirtschaftspolitik an der Ruhr-Universität Bochum. Seit 1992 ist er Professor für Volkswirtschaftslehre, insbesondere Finanzwissenschaft, an der Universität Hohenheim, sowie Leiter der dortigen Forschungsstelle für Europäische Integration. Er ist Mitglied des Wissenschaftlichen Direktoriums des Instituts für Europäische Politik, Berlin, Vizepräsident des Arbeitskreises Europäische Integration, Berlin, Mitglied zahlreicher weiterer wissenschaftlicher Ausschüsse und Gremien und Träger des Landeslehrpreises des Landes Baden-Württemberg 1996.

Prof. Dr. Holger Kahle, Universität Hohenheim

Prof. Dr. Kahle wurde 1966 geboren. Sein Studium der Wirtschaftswissenschaften absolvierte er an den Universitäten Braunschweig und Hannover und legte 1996 die Promotion (Dr. rer. pol.) an der Universität Hannover ab und 2002 habilitierte er für das Fach Allgemeine Betriebswirtschaftslehre an der Universität Mannheim. Bis 2005 war er Inhaber der Professur für Allgemeine Betriebswirtschaftslehre mit den Schwerpunkten Betriebswirtschaftliche Steuerlehre und Externes Rechnungswesen an der AKAD Wissenschaftliche Hochschule Lahr (WHL) und seit 2005 ist er Inhaber der Professur für Allgemeine Betriebswirtschaftslehre, insbesondere Betriebswirtschaftliche Steuerlehre und Prüfungswesen an der Universität Hohenheim. Prof. Kahle ist Mitglied im Verband der Hochschullehrer für Betriebswirtschaft e. V. (Kommissionen Rechnungswesen und Betriebswirtschaftliche Steuerlehre); Mitglied der Schmalenbach-Gesellschaft für Betriebswirtschaft e. V. und Mitglied der Deutschen Steuerjuristischen Gesellschaft.

Schriftenreihe zur Glücksspielforschung

Herausgegeben von Tilman Becker

Band 1 Tilman Becker / Christine Baumann (Hrsg.): Gesellschafts- und Glücksspiel: Staatliche Regulierung und Suchtprävention. Beiträge zum Symposium 2005 der Forschungsstelle Glücksspiel. 2006.

Band 2 Tilman Becker / Christine Baumann (Hrsg.): Glücksspiel im Umbruch. Beiträge zum Symposium 2006 der Forschungsstelle Glücksspiel. 2007.

www.peterlang.de

Tilman Becker / Christine Baumann (Hrsg.)

Gesellschafts- und Glücksspiel: Staatliche Regulierung und Suchtprävention

Beiträge zum Symposium 2005 der Forschungsstelle Glücksspiel

Frankfurt am Main, Berlin, Bern, Bruxelles, New York, Oxford, Wien, 2006.
XX, 106 S., 1 Abb., zahlr. Tab. und Graf.
Schriftenreihe zur Glücksspielforschung. Herausgegeben von Tilman Becker.
Bd. 1
ISBN 978-3-631-54915-5 · br. € 27.50*

Der Markt für Glücksspiel ist ein bedeutender und expandierender Markt, vor allem im Bereich der Sportwetten. Der statistisch erfasste Gesamtumsatz auf dem Markt für Glücksspiel liegt mit 27,5 Milliarden Euro für die Bundesrepublik Deutschland in der Höhe der Ausgaben für die privaten und öffentlichen Hochschulen in Höhe von circa 30 Milliarden Euro. In diesem Band erfolgt eine Bestandsaufnahme der Forschung zum Gesellschafts- und Glücksspiel anhand von Beiträgen zu dem Symposium 2005 der Forschungsstelle Glücksspiel der Universität Hohenheim. Die Beiträge machen deutlich, wo die Forschung zum Glücksspiel heute steht. Während die rechtlichen Aspekte und die Suchtproblematik relativ umfassend wissenschaftlich untersucht sind, gibt es wenige fundierte wissenschaftliche Erkenntnisse zur Rolle des Glücks- und Gesellschaftsspiels in unserer Gesellschaft und insbesondere zur Bedeutung von Glücks- und Gesellschaftsspielen für die *normalen,* das heißt nicht pathologischen Spieler.

Aus dem Inhalt: *L. Hemme*: Gesellschaftsspiele. Konstituierende Elemente von Spielen und ihre Chancen in der Gegenwart · *K. Bosch*: Über die Chancen beim Keno-Spiel · *M. Ahlheim/I. Benignus/U. Lehr*: Glück und Staat – Einige ordnungspolitische Aspekte des Glücksspiels · *A. Voßkuhle*: Rechtliche Rahmenbedingungen des Glücksspiels · *J. Ennuschat*: Aktuelle Entwicklungen in der Rechtsprechung von EUGH und BVERFG · u.v.m.

Frankfurt am Main · Berlin · Bern · Bruxelles · New York · Oxford · Wien
Auslieferung: Verlag Peter Lang AG
Moosstr. 1, CH-2542 Pieterlen
Telefax 00 41 (0) 32 / 376 17 27

*inklusive der in Deutschland gültigen Mehrwertsteuer
Preisänderungen vorbehalten
Homepage http://www.peterlang.de